Weil du es wert bist

*... und dein Leben zählt!*

# *Weil du es wert bist*

***... und dein Leben zählt!***

*Bobby Schuller*

Titel der holländischen Ausgabe:
**Omdat JIJ het waard bent**


1. Auflage 2014
2. Auflage 2017

ISBN 978-3-941980-27-3
E-Book: ISBN 978-3-941980-28-0

in Kooperation mit *Hour of Power* Schweiz



Übersetzung: Elly Grothof-Nouwen
Lektorat & Neubearbeitung: Sven Blissenbach
Umschlaggestaltung: Monika Uden
Umschlagfoto: istockphoto.com/Sezeryadigar
Satz, Druck und Verarbeitung: CPI – Ebner & Spiegel, Ulm

# Inhaltsverzeichnis

# TEIL 1

## Sie sind für Gott von unschätzbarem Wert!

Da erzählte Jesus ihnen ein Gleichnis: „Wenn ein Mensch hundert Schafe hat und eins geht verloren, was wird er tun? Lässt er nicht die neunundneunzig in der Wüste zurück, um das verlorene Schaf so lange zu suchen, bis er es gefunden hat? Dann wird er es glücklich auf seinen Schultern nach Hause tragen und seinen Freunden und Nachbarn zurufen: ‚Kommt her, freut euch mit mir, ich habe mein Schaf wiedergefunden!' Ich sage euch: So wird man sich auch im Himmel freuen über einen Sünder, der zu Gott umkehrt – mehr als über neunundneunzig andere, die nach Gottes Willen leben und nicht zu ihm umkehren müssen. Oder nehmt ein anderes Beispiel: Eine Frau hat zehn Silbermünzen gespart. Als ihr eines Tages eine fehlt, zündet sie sofort eine Lampe an, stellt das ganze Haus auf den Kopf und sucht in allen Ecken. Endlich hat sie die Münze gefunden. Sie ruft ihre Freundinnen und Nachbarinnen zusammen und erzählt: ‚Ich habe mein Geld wieder! Freut euch mit mir!' Genau so freuen sich auch die Engel Gottes, wenn ein einziger Sünder zu Gott umkehrt."

LUKAS 15,3-10

# 1

# Der Wert eines Menschen

Sie sind für Gott von unschätzbarem Wert! Mir ist klar, dass es angesichts von etwa sieben Milliarden Menschen auf der Erde schwerfällt zu glauben, dass es keine „gewöhnlichen" Menschen gibt. Wenn jeder etwas Besonderes ist, was ist dann wiederum das Besondere an einem Menschen? Und warum sollte jeder dieser sieben Milliarden Menschen überhaupt für Gott zählen und ihm wichtig sein? Warum sollte gerade *Ihr* Leben zählen und von Bedeutung sein? Trotzdem bleibe ich dabei und behaupte, dass jeder dieser sieben Milliarden Menschen auf seine ganz bestimmte Art und Weise einzigartig und für Gott von unschätzbarem Wert ist.

Die beiden Gleichnisse aus dem Lukasevangelium verraten uns etwas über den Wert eines jeden Menschen. Diese Verse zeigen deutlich, dass ein einziger Mensch in Gottes Augen einen enormen Wert darstellt. Jesus verdeutlicht das zuerst am Gleichnis von dem Hirten mit den hundert Schafen. Als der Hirte zurückkommt und seine Schafe zählt, vermisst er eins. Er sucht es überall, kann es aber nirgends finden. Die Freunde und Familienangehörigen fangen schon langsam an zu fragen: „Hast du das Schaf schon gefunden?" „Nein", antwortet er traurig. „Leider noch nicht." Tagelang sucht der Hirte vergeblich nach dem Schaf. Doch eines Tages findet er das Tier schließlich doch noch. Voller Freude nimmt er das Schaf auf seine Schultern und eilt nach Hause. Er ruft seine Familie und Freunde zusammen und sagt: „Seht her! Ich habe mein Schaf wieder!"

Man könnte fragen: „Warum macht sich dieser Hirte eigentlich die ganze Mühe und so viel Aufhebens um ein einziges Schaf? Er hat doch schließlich noch neunundneunzig andere!

Da kommt es doch auf dieses eine Schaf nun wirklich nicht an.“ So denken viele über die Menschen. Sie meinen, weil es sieben Milliarden Menschen gibt, käme es auf einen einzelnen Menschen gar nicht an. Doch Jesus zeigt uns mit dieser Geschichte, dass er auf die gleiche Art und Weise uns Menschen betrachtet, wie der Hirte seine Schafe sieht. Jeder einzelne Mensch ist kostbar in den Augen Gottes!

*Jeder einzelne Mensch ist kostbar in den Augen Gottes!*

Doch Jesus verdeutlicht dies auch noch anhand einer weiteren Geschichte, die er direkt im Anschluss an die Geschichte von dem Hirten mit den hundert Schafen erzählt. Darin geht es um zehn Silbermünzen. Vielleicht war das alles, was die Frau in dieser Geschichte besaß. Doch warum macht sie so viel Aufhebens um die eine verlorene Silbermünze? Sie verliert zwar eine Silbermünze, hat aber schließlich noch neun übrig! Dennoch durchsucht sie das ganze Haus. Sie schaut überall nach. Ihre Freundinnen fragen: „Und? Hast du sie schon gefunden?“ „Nein“, antwortet sie völlig außer Atem. „Ich bin schon fix und fertig von der ganzen Sucherei. Aber ich finde sie einfach nicht.“ Diese eine Münze, die ihr abhandenkam, wird für sie auf einmal zum Kostbarsten, was es für sie gibt. Eines Tages, als sie vielleicht gerade Öl zum Braten aus einem Krug gießt, fällt die Münze heraus. Sofort ruft sie ihre Freundinnen zusammen und ruft freudig aus: „Ich habe sie gefunden! Endlich habe ich Ruhe. Endlich kann ich wieder glücklich sein. Ich habe sie endlich gefunden.“ Es ist völlig klar, was Jesus uns Menschen damit deutlich machen will: „So sieht Gott euch auch!“

Es ist wirklich so: Unter all den sieben Milliarden Menschen sucht Gott nach dem einen verirrten Mann und der einen verirrten Frau! Bei Gott steht nicht die breite Masse, sondern der Einzelne im Vordergrund. Doch wir haben mehr oder weniger unser Problem damit, das wirklich zu glauben und anzunehmen. „Es gibt doch so viele Menschen auf der Welt“, denken wir voller Zweifel. „Und in meiner Stadt gibt es so viele, die viel schöner, erfolgreicher, reicher, intelligenter und begabter sind als ich."

Wir scheinen der irrigen Ansicht zu sein, wir würden erst dann wirklich zählen, wenn wir berühmt oder erfolgreich sind, wenn wir einen Bestseller gelandet, viel Geld haben und vermögend sind. Wenn das dann nicht der Fall ist, zählen wir uns nur zu den „gewöhnlichen" Menschen.

Ich will versuchen, Sie davon zu überzeugen, dass Sie Gott und seine Kraft und Güte in dieser Welt repräsentieren. Diese Veranlagung tragen Sie quasi in sich. Doch bevor ich Ihnen sage, wie fantastisch und einzigartig Sie sind, will ich zuvor klarstellen, in welchem Sinne Sie das nicht sind. Wenn ich eben noch sagte, dass Sie Gott repräsentieren, möchte ich vorher sicherstellen, dass Sie mich richtig verstehen und nicht meinen, Sie wären Gott.

Sie kennen bestimmt die „AA", die Vereinigung der Anonymen Alkoholiker. Der Historiker Ernest Kurtz hat einmal untersucht, wie die „AA" so vielen Menschen dabei helfen konnte, vom Alkohol loszukommen. „Wenn ein Alkoholiker seine Sucht wirklich überwinden will", so schreibt er in seinem Buch *Not God: A History of Alcoholics Anonymous*, „muss er aufhören, Gott zu spielen. Er muss die Fäden aus der Hand geben und sein Leben einer höheren Macht übergeben. Nur dann kann er seine Sucht überwinden."

Die Vorstellung, dass wir quasi Gott seien und alles in der Hand hätten, ist eine Falle, in die viele Menschen hineintappen. Bevor wir wirklich erfassen können, wie einzigartig und besonders wir in Gottes Augen sind, müssen wir daher zunächst einmal erkennen, wie schwach wir sind. Es ist wichtig, dass wir begreifen, dass wir Menschen sind, die leiden, Schmerzen haben und vor allem Gott

*Die Vorstellung, dass wir quasi Gott seien und alles in der Hand hätten, ist eine Falle, in die viele Menschen hineintappen.*

brauchen. Wir müssen von dem Wahnbild „Ich bin Gott" zur Realität „Ich brauche Gott" gelangen. Natürlich würde kaum ein Mensch in aller Öffentlichkeit behaupten, er sei Gott. Doch auch wenn das kaum einer so *sagen* würde, ist doch offensichtlich, dass viele so *denken*. Viele Menschen tun so, als ob sie immer alles unter Kontrolle hätten. Sie befinden darüber, was ihrer Ansicht nach gut und was falsch ist. Sie meinen, dass sich alles um sie drehen müsse und glauben von Herzen, dass einzig sie zählen würden.
Ich unterhielt mich einmal mit dem Produzenten eines Fernsehprogramms. Wir kamen schließlich auf Religion zu sprechen. Ich fragte ihn in der Gegenwart seiner zwanzigköpfigen Mannschaft: „Glauben Sie an Gott? Haben Sie einen bestimmten Glauben oder bestimmte Lebensregeln, nach denen Sie sich richten?" „Ich versuche mich an die Zehn Gebote zu halten", gab er zur Antwort. „Das ist eine gute Sache", sagte ich. „Und welches davon finden Sie am wichtigsten?" Er bekam augenblicklich einen hochroten Kopf. Schon bald wurde es für alle Beteiligten peinlich, weil auch die anderen aus seinem Team ebenfalls vorgaben, sich nach den Zehn Geboten zu richten. „Vielleicht könnten wir sie einmal zusammen aufzählen", schlug ich schließlich vor. Doch niemand wusste wirklich Bescheid. Letztendlich nannten sie zwei Gebote, die richtig waren. Drei andere, die sie nannten, zählten gar nicht zu den Zehn Geboten. Verstehen Sie mich nicht falsch: Dieser Produzent war wirklich ein toller Typ und ich verurteile ihn in keiner Weise. Es ist allerdings fraglich, ob er tatsächlich den Zehn Geboten entsprechend lebte.

Wir urteilen über viele Dinge im Leben, doch unsere Ansichten über das, was gut und was verkehrt ist, ändern sich auch oft im Laufe der Zeit wieder. Und so leben wir mehr oder weniger nach unserem eigenen Gusto, weil wir uns selber in gewisser Weise als Gott unseres Lebens aufspielen. Doch wenn wir verstehen wollen, dass Gott in uns ist und dass wir unseren Wert von ihm her beziehen, müssen wir zuerst Demut lernen. Wir müssen uns selber einem Gott übergeben, der das Beste mit uns vorhat, der uns aber auch gleichzeitig sagt, was gut und was verkehrt ist. Wir müssen lernen, ihm, dem Herrn des Universums, zu vertrauen.

Nachdem wir dies zuerst klargestellt haben, kann ich Ihnen versichern, dass Sie kein gewöhnlicher Mensch sind! Das ist ein atemberaubender Gedanke. Der erste Atemzug, den Sie nach Ihrer Geburt getan haben, war gemäß der jüdischen Tradition der *neschama* – Gottes Atem. Nach jüdischem Verständnis entspricht dieser Luftzug dem Atem, den Gott den ersten Menschen – Adam und Eva – in die Lungen hauchte. Dadurch wurde ihr Körper eine *nefesch* – eine lebendige Seele, die dem Wesen Gottes, des Vaters, entsprang. Als Sie aus dem Mutterschoß kamen, einen Klaps bekamen, anfingen zu schreien und zu atmen, wurden Sie erfüllt mit dem Atem Gottes. Das Wesen Gottes kam in Ihr Leben! Statt eines „gewöhnlichen" Menschen wurden Sie in diesem Augenblick zu einem ganz besonderen, einzigartigen Menschen mit einer unsterblichen Seele. Von diesem Augenblick an ruhte, wie der Autor C. S. Lewis[1] es ausdrückt, „das Gewicht der Herrlichkeit" auf Ihren Schultern – die Verantwortung eines jeden Menschen auf den Ablauf der Geschichte. Wie Sie später noch sehen werden, beeinflusst jede Handlung, die wir verrichten, die Geschichte. Doch möchte ich an dieser Stelle schon einmal etwas vorgreifen.

Nehmen wir an, Sie besäßen eine Zeitmaschine. Sie steigen hinein und reisen zweitausend Jahre in der Zeit zurück. Sie steigen aus und versetzen irgendeiner Person, die Sie gerade treffen, einen Schlag ins Gesicht. Dann kehren Sie wieder zurück in die Gegenwart. Doch diese Gegenwart würde aufgrund dieses Schlages anders aussehen. Man könnte das in etwa so vergleichen, als würden Sie in das Mittelalter zurückreisen und dort

---

[1] C. S. Lewis war ein irischer Schriftsteller und Literaturwissenschaftler. Er ist vor allem durch seine Kinderbuchserie „Die Chroniken von Narnia" bekannt.

dem Erstbesten eine Pistole oder ein Buch von Isaac Newton[2] in die Hand drücken. Aufgrund des in diesem Buch vermittelten Wissens hätte sich bei Ihrer Rückkehr in die Gegenwart ebenfalls vieles verändert. Es wäre durchaus denkbar, dass das Leben Stalins die Folge irgendeiner gehässigen Bemerkung war, die jemand dreihundert Jahre zuvor machte. Vielleicht war ja das Leben von Martin Luther King[3] das Ergebnis einer Liebestat, die eine bestimmte Frau einer anderen fünfhundert Jahre zuvor erwiesen hatte.

So in etwa können Sie sich den Einfluss vorstellen, den Ihre Handlungen auf die Geschichte haben. Wir können zwar unmöglich wissen, welchen Einfluss eine ganz bestimmte Tat, die wir tun oder unterlassen, *konkret* und *im Einzelnen* auf die Geschichte hat, trotzdem muss uns allen bewusst sein, dass es durchaus von Bedeutung ist, was wir in unserem Leben tun oder nicht tun. Das meinte C. S. Lewis mit dem „Gewicht der Herrlichkeit" und – ob wir das nun wahrhaben wollen oder nicht – dies ist letztlich auch „die Last der Unsterblichkeit". Es gibt also keine gewöhnlichen Menschen. Solche Menschen existieren einfach nicht.

Vielleicht wenden Sie jetzt ein: „Ich stimme Ihren Ausführungen zu, aber ich habe nicht das Gefühl, dass andere das besonders wertschätzen, was ich tue. Darum habe ich Zweifel daran, ob das wirklich so entscheidend ist, was ich tue." Spielt das denn eine Rolle? Ist etwa die Anerkennung anderer oder deren Beurteilung Ihrer Handlungen eine Voraussetzung dafür, um Einfluss auf die Welt ausüben zu können? Ich will Ihnen kurz erklären, was ich meine.

In der *Washington Post* stand einmal ein wundervoller Artikel

---

2 Sir Isaac Newton war ein englischer Naturforscher. Er ist der Verfasser der *Philosophiae Naturalis Principia Mathematica*, in denen er mit seinem Gravitationsgesetz die universelle Gravitation und die Bewegungsgesetze beschrieb und damit den Grundstein für die klassische Mechanik legte.

3 Martin Luther King war ein US-amerikanischer Baptistenpastor und Bürgerrechtler. Er zählt zu den bedeutendsten Vertretern des Kampfes gegen soziale Unterdrückung und Rassismus.

über Josh Bell, einem berühmten amerikanischen Geigenspieler. Wenn er in der *Carnegie Hall* spielt, ist diese ständig ausverkauft, obwohl eine Eintrittskarte sage und schreibe 150 Dollar kostet! Eines Tages wollte er ein Experiment wagen. Er beschloss, sich als Obdachloser zu verkleiden und zwei Stunden lang in einem Fußgängertunnel einer U-Bahn-Station in New York zu spielen. Da saß er nun, mit seiner Geige von Stradivari für rund 3,5 Millionen Dollar und spielte darauf virtuos die brillantesten klassischen Werke. Von den gezählten 1070 Passanten blieben lediglich sieben stehen. Keiner von ihnen verweilte länger als eine Minute. Seine Gesamteinnahme an Trinkgeldern in seinem aufgeklappten Geigenkoffer betrug nach dem zweistündigen Auftritt 32 Dollar. Verstehen Sie? Josh Bell muss den Wert seines Talentes, seiner Geige und seiner Musik nicht daraus beziehen, was Menschen von ihm halten – und ganz gewiss tut er das auch nicht! Ich finde es großartig, dass ein so fantastischer Musiker sich nicht darum kümmert, was Passanten über ihn denken! Und das gilt genauso für Sie. Auch Sie verfügen über wertvolle Begabungen und Talente und üben in Ihrem Umfeld einen ganz bestimmten Einfluss aus. Ich sage Ihnen: Es können die unglaublichsten Dinge durch Sie geschehen. Doch Sie denken: „Ach, ich lasse diese Geige einfach im Kasten. Ich würde zwar spielen wollen, aber was ist, wenn die anderen es nicht mögen? Vielleicht hört mir nicht einmal jemand zu? Bestimmt verdiene ich keinen einzigen Cent."

Als ein Kind Gottes können Sie jedoch an jedem neuen Tag voller Selbstvertrauen und Stärke aufstehen. Diese Stärke ist für andere Menschen unantastbar. Die Schönheit und Kraft, die Ihnen von Gott verliehen wurde, erhebt Sie über das Urteil anderer. Sie wandeln in Unsterblichkeit, während Sie „das Gewicht der Herrlichkeit" tragen. Es mag ja durchaus sein, dass Gott möglicherweise der Einzige ist, der dies alles in Ihnen erkennt. Doch mehr ist auch nicht nötig. Das Einzige, das zählt, ist Folgendes: Ein Mensch, wie Sie, kann einen gewaltigen Einfluss auf die Welt haben!

Das Auge gibt dir Licht. Wenn deine Augen das Licht einlassen, wirst du auch im Licht leben.

MATTHÄUS 6,22

# 2

## Ihre wahre Identität

Dieser Abschnitt in der Bergpredigt ist mein Lieblingstext. Als ich ihn zum ersten Mal las, dachte ich: „Das ist absolut aus der Luft gegriffen. Ich verstehe überhaupt nichts davon. Wovon um alles in der Welt handelt dieser Vers?“ Es geht auf alle Fälle nicht darum, dass Brillenträger bzw. Menschen mit einer Sehschwäche schlechte Menschen wären. Nein, es geht um die persönliche Sichtweise; darum, wie man die Welt sieht. Meiner Meinung nach entsteht praktisch alles Böse aufgrund von Furcht und Zweifel, die wiederum aus einer falschen Sichtweise resultieren. Der ganze Wettbewerbszwang, das ständige Wetteifern und die Gewalt – sie stammen alle aus einer falschen Sichtweise.

Jesus sagt hier, dass wenn man alles auf die richtige Art sieht, der ganze Körper erhellt ist.[4] Ich glaube, dass das stimmt. Dies steht jedoch in krassem Gegensatz zu einer anderen Sicht auf das Leben, die ich inzwischen wirklich verabscheue. Gemäß dieser Sichtweise reduziert sich alles auf die sich bewegende Materie und dieser Theorie zufolge kann man alles messen, benennen, kategorisieren und in eine Formel packen. Ich kann mir schlichtweg keine tödlichere Sicht auf das Leben vorstellen. Diese wissenschaftliche Sicht vom Universum entstammt dem 20. Jahrhundert und wurde ständig weiterentwickelt. Theorien über sich kontinuierlich bewegende Materie wurden immer wieder über den Haufen geworfen und von Mal zu Mal merkwürdiger. Inzwischen hören sie sich immer mehr wie eine Art Religion an.

---

[4] *„... so wird dein ganzer Leib licht sein“; Lutherbibel 1984 in neuer Rechtschreibung* (Abk.: „LÜ84), Deutsche Bibelgesellschaft, Stuttgart 1999.

Wir wissen inzwischen, dass das Weltall mehr ist als sich bloß bewegende Materie. Laut Stephen Hawking[5] scheinen ganze Systeme spontan aus dem Nichts entstanden zu sein. Zwei Quarks (subatomare Elementarteilchen) zu beiden Seiten des Kosmos vibrieren kohärent, tauchen auf und verschwinden wieder. Das Unvermögen der Wissenschaft, das Universum zu erklären, wird immer größer. Ich persönlich schwärme für die Wissenschaft und bin sehr an ihr interessiert. Verantwortungsvolle Wissenschaft kann in jedem Fall ihren Beitrag zu einer besseren Weltsicht beisteuern. Aber die Theorie, dass alles bloß sich bewegende Materie ist, dass es nichts Geistliches gibt und dass die Liebe nicht *mehr* ist als ein chemischer Prozess im Gehirn, ist eine düstere Weltsicht.

*Jesus hat uns eine andere Weltsicht vermittelt.*

Jesus hat uns eine andere Weltsicht vermittelt. Er sprach vom Kommen des Reiches Gottes bzw. des Königreiches der Himmel. Letzterer Ausdruck erinnert an die platonische Vorstellung von einer materiellen *und* einer geistlichen Welt. Demzufolge befindet sich der Himmel irgendwo in einer anderen Dimension, die wir gegenwärtig zwar nicht erleben können, in die wir aber nach dem Tod gelangen. Doch das war es dann auch schon. Gemäß dieser Vorstellung werden wir hier auf Erden den Himmel nie erleben. Doch das ist nicht das, was Jesus sagt. Das Königreich der Himmel ist ein absoluter Bestandteil seiner Weltsicht. Die Juden seiner Zeit konnten das sehr wohl nachvollziehen. Sie verstanden den Himmel nicht bloß als einen Ort, an den man geht, wenn man stirbt, sondern gleichzeitig als einen Lebensbereich, eine Realität, die uns ständig umgibt. Alle waren sich dessen bewusst.

Jesus wollte mit diesem Begriff Folgendes deutlich machen: Diese Realität besteht nicht bloß aus irgendeiner anderen Di-

[5] Britischer theoretischer Physiker und Astrophysiker.

mension, die irgendwo im Weltraum oder in der Luftsphäre existiert. Man kann nicht einfach auf den Himmel zeigen und sagen: „Dort ist er!“ Gott erfüllt die Himmel. Jesus sagt im Grunde genommen: „Durch mich ist diese Realität auch für dich erreichbar.“ Wenn man Teil dieser Realität, dieser Wirklichkeit, sein kann, verändert das alles – vor allem die eigene Sichtweise. Und wenn das geschieht, steht man in seinem Leben unter einer ganz anderen Führung. Jesus bezeichnet dies als „Königreich“, aber man könnte es auch „Regierung“ oder „Obrigkeit“ nennen. Für gewöhnlich tangiert die Gesetzgebung des Landes, in dem wir leben, mehr oder weniger alles, was wir tun. Die Obrigkeit oder Regierung eines Landes beeinflusst nahezu jeden Aspekt unseres Lebens in irgendeiner Form. Wir können in Freiheit zusammenkommen, weil letztlich die Polizei, die staatliche Gewalt, unsere Sicherheit garantiert. Auch wo man ein Haus oder eine Kirche bauen darf, wird für gewöhnlich von der Obrigkeit eines Landes in irgendeiner Form geregelt. Oder denken wir an die Steuern oder die Straßenverkehrsordnung, um einige weitere Beispiele zu nennen. Jesus sagt: „Es gibt eine neue Obrigkeit, die alle anderen Regierungen übertrifft. Das Königreich der Himmel.“ Dieses Königreich vermittelt eine ganz neue Sichtweise und eine neue Art zu leben. Es ist meine feste Überzeugung, dass der wichtigste Teil der geistlichen Veränderung, die dank der Gnade Gottes und unseres Glaubens geschieht, darin besteht, dass man wieder seine eigene Identität erkennt. Wir erkennen, wer wir wirklich sind: geliebte Söhne und Töchter Gottes.

*Es gibt eine neue Obrigkeit, die alle anderen Regierungen übertrifft.*

Ich habe einmal bei *Hour of Power* eine Predigt von Henri Nouwen[6] gehört. Sie hat mein Leben für immer verändert. Ich

[6] Henri Nouwen war ein niederländischer Priester, Psychologe und geistlicher Schriftsteller.

werde einen kleinen Abschnitt daraus mit meinen eigenen Worten wiedergeben. Nouwen sagte: „Viele Menschen haben eine bestimmte Vorstellung von Ihnen aufgrund dessen, was Sie tun, was Sie besitzen und was andere über Sie sagen. Aber eigentlich sind Sie ein geliebtes Kind Gottes. Was immer Sie auch tun, wie sehr Sie auch sündigen mögen – Gottes unermessliche Liebe zu seinen Kindern ändert sich nie."

Es gibt eine Geschichte über Albert Einstein als junger Mann. Er saß in einer Klasse und der Dozent sagte: „Gott hat das Universum erschaffen. Gott hat auch das Böse erschaffen. Also ist Gott das Böse."

Der junge Einstein richtete sich auf und fragte: „Bitte entschuldigen Sie, gibt es Kälte?"

„Was für eine Frage. Natürlich gibt es Kälte."

Einstein erwiderte: „Aber nein. Kälte gibt es nicht, sondern nur die Abwesenheit von Wärme. Und was ist mit der Dunkelheit?"

„Natürlich gibt es sie", antwortete der Lehrer. „Was für eine lächerliche Frage."

*Böses ist die Abwesenheit von Gottes Liebe im Herzen des Menschen.*

„Nein", widersprach Einstein erneut. „Es gibt keine Dunkelheit, nur die Abwesenheit von Licht. Das sind Naturgesetze."

Und schließlich sagte er: „Es gibt keinen Gott, der das Böse ist. Böses ist die Abwesenheit von Gottes Liebe im Herzen des Menschen."

Das ist ein tiefer Gedanke. Alles Böse und alle Finsternis sind demnach die Folge einer falschen Sichtweise. Es geht um eine Identität, die getrennt ist von der unendlichen, wahrhaftigen Liebe Gottes, die nie versagt.

Man sagt für gewöhnlich, dass man das ist, was man tut. Gilt das auch für Sie? Nehmen wir einmal an, ich treffe jemanden auf einer Feier oder irgendwo anders. Es ist jemand, mit dem ich zum ersten Mal spreche. Wenn man sich gegenseitig vorstellt, läuft es in neun von zehn Fällen folgendermaßen ab: „Hallo, ich bin Bobby. Und du bist also Ralf." Nach der kurzen Vorstellung stelle ich auch immer die Frage: „Und womit verdienst du deinen Lebensunterhalt?" Sobald ich weiß, welcher Tätigkeit jemand nachgeht, weiß ich sofort auch mehr darüber, wer diese Person ist. Wir bekommen ständig zu hören, dass wir sind, was wir tun. Doch dann taucht augenblicklich die Frage auf: Wenn ich bin, was ich tue, wenn meine Arbeit oder die Dinge, die ich tue, sogar meine Frömmigkeit oder meine Sünden, das ausmachen, was ich bin, wie sieht es dann aus, wenn ich nichts mehr tun kann? Bin ich dann ein Nichts? Was passiert, wenn ich nicht mehr predigen kann? Bin ich dann auf der Stelle ein Nichts? Was geschieht, wenn ich nicht mehr rennen oder Sport treiben kann? Bin ich dann ein Nichts? Natürlich nicht. Das ist Unsinn.

Man hört auch oft, dass es die Dinge sind, die man besitzt, die einen Menschen ausmachen. Menschen sind der Meinung, anhand der Dinge, die wir besitzen, bestimmen zu können, wer und wie wir sind. Das geschieht vor allem hinsichtlich unserer Kleidung. „Kleider machen Leute!", heißt es. In Amerika gibt es viele Subkulturen, besonders unter den Jugendlichen. Je nachdem aus welcher Welt die Leute kommen – aus der Welt der Hip-Hop-Musik oder anderer Musikarten, aus der Welt des Sports, des Bildungswesens: Sie alle kleiden sich unterschiedlich. Anhand ihrer Kleidung und der Dinge, die sie besitzen, meint man herleiten zu können, wer sie sind. Und das geht über den materiellen Besitz hinaus. Auch die Ausbildung spielt eine Rolle. Hat man studiert? Hat man bestimmte Talente und Begabungen? Hat man einen Partner oder Kinder? Für gewöhnlich knüpfen wir unsere Identität an all diese Dinge und unseren Besitz und wir meinen, dass es unseren Selbstwert steigert, je mehr wir davon besitzen. Doch das Problem ist, dass wir uns unserer Besitztümer nie sicher sein können.

Dann gibt es Leute, die behaupten, dass es die eigene Reputation ist, was einen ausmacht. Man ist, was andere über einen sagen. Ich könnte zum Beispiel eine Predigt halten, die alle beeindruckend finden – alle bis auf einen. Dieser eine Zuhörer findet sie einfach nichtssagend. Welche Reaktion bleibt mir wohl am besten in Erinnerung? Genau, das Urteil dieses einzelnen Menschen. Er hat etwas Negatives über mich gesagt und das wirkt wie Gift für meinen Geist. Es lässt mich nicht mehr los. „Ich hätte es anders machen sollen!", schmolle ich bei mir selbst. Auf diese Weise werde ich tatsächlich bestimmt durch das, was Menschen über mich sagen. Aber wenn wir die negativen Ansichten, die andere von uns haben, selbst übernehmen, fangen wir an ins Straucheln zu geraten. Machen wir etwas gut, dann fühlen wir uns auch gut. Werden wir aber arbeitslos, dann fühlen wir uns schlecht. Wir haben vielleicht alles, was wir begehren: ein Traumhaus, eine fantastische Familie oder eine gute Gesundheit. Doch wenn wir krank werden, alles verlieren oder uns scheiden lassen, wissen wir nicht mehr, wer wir sind. Einmal loben uns die Leute in den höchsten Tönen, doch ein andermal geschieht uns ein Missgeschick und alle lachen uns am Ende aus. Wir sind hin- und hergeworfen. Doch das ist nicht das, was Gott mit uns vorhat. Wenn Sie tiefes Bedauern über etwas in Ihrem Leben empfinden, steht das gewöhnlich in Verbindung mit etwas, was Sie getan haben oder was Sie einmal besessen und jetzt verloren haben, oder es hat mit etwas zu tun, was jemand über Sie gesagt hat. Es hat immer mit einem dieser drei Dinge zu tun. Ich wage zu behaupten, dass Sie, wenn Sie es schaffen, sich hiervon zu befreien, sich gleichzeitig von einem Leben des ständigen Bedauerns befreien.

*Sicher wissen zu können, dass wir geliebt sind und unsere Identität nicht von dem abhängig ist, was wir tun, was wir besitzen oder was man über uns sagt, das ist erst richtige Freiheit.*

Bobby

Wir müssen wissen, dass wir geliebte Kinder Gottes sind. Das ist etwas, was uns niemand nehmen kann. Alles andere hingegen kann Gott uns nehmen. Natürlich kann er uns auch alles, was wir verloren haben oder was uns genommen worden ist, wieder zurückgeben. Aber eine Sache dürfen wir bei all dem nicht vergessen: Seine Liebe werden wir niemals verlieren, ganz gleich, was geschehen mag. Sie sind sein geliebtes Kind. Er blickt Sie mit einem Lächeln an – gerade in diesem Moment. Was für eine herrliche Verheißung ist das! Sicher wissen zu können, dass wir geliebt sind und unsere Identität nicht von dem abhängig ist, was wir tun, was wir besitzen oder was man über uns sagt, das ist erst richtige Freiheit. Ich für meinen Teil strebe auf jeden Fall danach.

Allerdings steuern auch wir selbst unseren Beitrag zu negativen Sichtweisen auf das Leben bei. Man steht zum Beispiel an seiner Arbeitsstelle mit vier Kollegen beim Kaffeeautomaten. Für gewöhnlich ist es dann immer derselbe, der anfängt und sagt: „Habt ihr schon das von Jan gehört? Nein? Hört mal eben her. Er bekommt es ja gerade nicht mit ..." Und bevor man sich versieht, steuert jeder mit einer Bemerkung seinen Teil bei. Doch um was für fragwürdige Dinge geht es dann in solchen Gesprächen? Es wäre schön, wenn man in solchen Fällen als Christ sagt: „Unmöglich, das ist in Wirklichkeit ganz anders. Jan ist ein toller Typ. So etwas würde er nie tun. Wirklich. Ich kenne ihn." Aber wir fallen nicht gerne aus dem Rahmen. Wir wollen dazugehören. Wir wollen nicht abgewiesen werden. Es ist doch so: Wenn wir etwas Gutes über jemanden sagen, über den andere lästern, könnten andere dadurch womöglich auch auf etwas Negatives bei uns schließen!

Merken Sie, unter welches Joch man sich bei einer derartigen Lebensanschauung begibt? Es gibt nur eine Art und Weise, wie man sich hieraus wieder befreien kann: Man muss begreifen, dass man geliebt ist. Es ist fast schon ein Klischee, aber wir haben im Allgemeinen erhebliche Mühe damit, das zu glauben. Wir meinen, dass Gott uns nur dann liebt, wenn wir nicht sündigen und stets die besten Absichten verfolgen. Doch ich sage Ihnen: Nichts, was Sie tun, kann Sie je trennen von der Liebe Gottes – nicht einmal die Sünde! Wenn Sie sich als Sünder von Gott abwenden, geht er Ihnen nach – weil er Sie liebt. Er wird

Ihre Aufmerksamkeit immer wieder auf sich lenken. Bis zu Ihrem letzten Atemzug wird er Ihnen ständig nachgehen.

Dadurch, dass ich selbst Vater wurde, habe ich viel über die Liebe von Gott, dem Vater, gelernt. Ich habe eine Tochter. Ihr Name ist Haven. Sie ist wohl mit das Liebste, was es auf der Welt gibt. Alles, was sie zum ersten Mal macht, finde ich großartig und halte es mit meiner Kamera fest. Wenn ich mich mit Ihnen treffen und wir uns unterhalten würden, würde ich Ihnen ein solches Foto von ihr zeigen. Wirklich. Ich würde alle Fotos von ihr heraussuchen. Angefangen damit, wie sie in ihrer Windel herumkrabbelte oder wie sie zum ersten Mal meinem Bruder Anthony zuwinkte. All diese Dinge und Momente bewegen mich. Und dann denke ich: „Wenn schon ein unvollkommener, oft egoistischer und ziemlich verunsicherter, irdischer Vater wie ich seine Tochter auf diese Art und Weise liebt und verehrt, wie viel mehr wird mich dann wohl mein Vater im Himmel lieben, der vollkommen ist in seiner Liebe und Gerechtigkeit?“ Gottes unfassbare, tiefe und kostbare Liebe zu Ihnen ist vollkommen.

*Nichts, was Sie tun, kann Sie je trennen von der Liebe Gottes – nicht einmal die Sünde!*
Bobby

Trotzdem gibt es noch immer Menschen, die meinen: „Ja, aber dann muss ich zuerst aufhören zu sündigen. Wenn ich jetzt aufhöre zu sündigen, liebt Gott mich bestimmt mehr. Und wenn ich mir in meinem Leben dann noch mehr Mühe gebe, wird Gott mich auch noch mehr lieben.“ Das ist ein gewaltiger Trugschluss. Wenn man jemandem den Weg nach London erklären sollte, wäre dies sicher der schlechteste Hinweis, den man geben könnte: „Gehen Sie nicht nach Paris, Moskau oder Los Angeles.“ Doch genau das tun manche gedanklich in Bezug auf Gott. Sie meinen: „Wenn man näher zu Gott kommen will, darf man dieses oder jenes nicht mehr tun.“

Wie sollten wir unser Leben denn führen? Wenn Sie sich in Gottes Liebe sonnen und mit Ihrem ganzen Herzen nach der Liebe Gottes streben – wie auch nach dem Reich Gottes – und wenn Sie Gottes ungeteilte Liebe in Ihrem Herzen haben, wird sich Ihr ganzes Leben ändern. Sobald Gottes Licht in Ihr Herz hineinkommt, kann dort keine Finsternis mehr herrschen. Sie müssen verstehen, dass Sie nicht das sind, was Sie tun. Sie sind nicht das, was Sie besitzen. Sie sind nicht das, was Menschen über Sie sagen. Heute ist der Tag, an dem Sie frei werden können. Wenn Sie das nur glauben würden. Ja, ich meine es wirklich: Wenn Sie es nur *glauben* würden, wären Sie wirklich frei und auf allem, was Sie tun, was Sie besitzen und was man über Sie sagt würde Gottes Segen ruhen.

*Sobald Gottes Licht in Ihr Herz hineinkommt, kann dort keine Finsternis mehr herrschen.*

Gleich danach befahl Jesus seinen Jüngern, in ihr Boot zu steigen und an das andere Ufer des Sees vorauszufahren. Er selbst blieb zurück, um die Leute zu verabschieden. Dann ging er allein auf einen Berg, um zu beten. Es wurde Nacht. Das Boot war noch weit draußen auf dem See, da brach ein schwerer Sturm los. Die Jünger konnten kaum noch steuern. In den frühen Morgenstunden kam Jesus auf dem Wasser zu ihnen. Als die Jünger ihn sahen, schrien sie vor Entsetzen, denn sie hielten ihn für ein Gespenst. Aber Jesus sprach sie sofort an: „Habt keine Angst! Ich bin es doch, fürchtet euch nicht!" Da rief Petrus: „Herr, wenn du es wirklich bist, lass mich auf dem Wasser zu dir kommen." „Komm her!", antwortete Jesus. Petrus stieg aus dem Boot und ging Jesus auf dem Wasser entgegen. Als Petrus aber die hohen Wellen sah, erschrak er, und im selben Augenblick begann er zu sinken. „Herr, hilf mir!", schrie er. Jesus streckte ihm die Hand entgegen, ergriff ihn und sagte: „Hast du so wenig Glauben, Petrus? Vertrau mir doch!"

MATTHÄUS 14,22-31

# 3

# In den Fußspuren Jesu

Matthäus berichtet uns in seinem Evangelium davon, wie Petrus inmitten eines Sturms auf einmal aus dem Boot klettert und ein paar Schritte auf dem Wasser geht. Da drängt sich einem die Frage auf: Warum bloß hat Petrus es gewagt, über das Wasser zu gehen? Zum einen war Petrus zwar ein Fischer, doch es ist fraglich, ob er überhaupt schwimmen konnte. Zum anderen muss man wissen, dass nach jüdischer Vorstellung das Wasser ein Portal zur Hölle war. Es war eine eigenartige Art und Weise, wie die Juden die Welt einteilten. Es gab das Land. Unter dem Land gab es das Wasser und im Wasser lauerte das Böse – die Dunkelheit und andere gefährliche Dinge. Doch in dem Sturm sieht Petrus den Sohn Gottes über das Wasser gehen und etwas in ihm sagt ihm oder gibt ihm den Mut, das Gleiche zu tun. Wie kommt es nun, dass ein Mensch, der in Todesangst sein müsste, den Mut aufbringt, aus einem verhältnismäßig sicheren Boot auszusteigen und sich während eines Sturms auf das tobende Wasser begibt? Es muss etwas sein, was das Herz und den Geist eines Menschen verändert und ihn von den anderen unterscheidet. Es geht hierbei um die Veränderung des eigenen Wesens. In diesem Kapitel wollen wir uns gemeinsam ansehen, wie so etwas vonstattengeht.

Wir lesen in der Bibel, dass Mose gerade beim Hüten von Schafen und Ziegen ist, als er ganz in der Nähe eines Berges einen Busch sieht, der zwar in Flammen steht, der aber nicht verbrennt. Die Blätter bleiben grün. Aus dem Busch ertönt eine Stimme. Es ist die Stimme Gottes. Gott spricht zu Mose: „Ich will, dass du dich auf den Weg machst und das jüdische Volk aus dem Griff des Pharaos befreist." Mose antwortet der Stimme aus dem brennenden Busch und stellt eine faszinierende Frage: „Was soll ich sagen, wenn sie mich fragen, wer mich geschickt hat?" Daraufhin nennt Gott ihm seinen Namen und sagt: „Jahwe hat dich geschickt."

Diese Begebenheit aus der Bibel ist sehr bedeutsam. In dem Augenblick, als Gott seinen Namen nennt, verändert sich nämlich etwas in der Beziehung zwischen Mose, der Menschheit und Gott. Es gibt einen Theologen, der das Vorrecht betont, dass es dem jüdischen Volk vergönnt sei, Gott bei seinem Vornamen zu nennen. Es ist quasi so, als würden Sie zu Barack Obama gehen und er würde zu Ihnen sagen: „Nennen Sie mich doch einfach Barack." Gott bei seinem Vornamen zu nennen, ist nicht gerade eine kleine Sache. Und dann, nachdem Gott Mose und sein Volk aus Ägypten geführt hat, gibt er ihnen darüber hinaus noch die Thora. Die Thora enthält Gottes Gesetz, seine Gebote oder Lebensregeln. Sie macht einen Teil der Bibel aus.

Für Juden war die Tatsache, dass sie den Namen Gottes kannten und die Thora besaßen, etwas, das bewahrt bleiben und von einer Generation zur nächsten weitergegeben werden müsse. Es war ihre Überzeugung, dass alles für sie verloren sei, wenn auch nur eine Generation hierin versagen würde. Und so entstand eine bestimmte Unterrichtsform, in der die Kinder über die Bedeutung des Namens Gottes und der Thora unterwiesen wurden. Diese wurde allgemein über die Generationen hinweg bis in die Zeit von Jesus hinein praktiziert.

Der Unterricht fand in den Synagogen statt. Alle Jungen und Mädchen im Alter von fünf oder sechs Jahren saßen in einem Kreis um einen Lehrer herum. Der Lehrer ging umher und gab jedem Kind einen Tropfen Honig auf jede Fingerkuppe, den sie nicht ablecken durften, bevor sie den Segen empfangen hatten. Der Lehrer streckte anschließend seine Hände über ihre Köpfe aus und sagte: „Möge Gottes Wort köstlich auf deinen Lippen

*Möge Gottes Wort wie süßer Honig in deinem Mund sein.*

Bobby

und in deinem Körper sein. Möge Gottes Wort wie süßer Honig in deinem Mund sein." Danach durften die Kinder sich die Finger ablecken. So fing der Unterricht an.

Die Kinder in dieser ersten Schulstufe, die Beth Sefer genannt wurde, was „Haus des Buches" bedeutet, fingen damit an, die ganze Thora auswendig zu lernen. Die Thora umfasst die ersten fünf Bücher Mose unserer Bibel: Genesis, Exodus, Levitikus, Numeri und Deuteronomium. Sie lernten sie alle auswendig. Das geschah zwischen ihrem fünften und zehnten Lebensjahr. Selbst wenn jedes Exemplar der Thora einmal verbrannt werden sollte, würden die Texte zumindest noch in ihren Köpfen bleiben und auf diese Weise überleben.

Danach gelangten die besten und klügsten Jungen und Mädchen zum Beth Talmud, der nächsten Unterrichtsstufe. Dort lernten sie bis zu ihrem vierzehnten Lebensjahr die übrigen Schriften des Alten Testaments auswendig. Dadurch blieben alle Worte Gottes – das Gesetz, die Schriften und die Propheten[7] – für immer in Herz und Sinn.

Im Beth Talmud begannen die Jungen damit, einander Fragen zu stellen. Wenn die Mädchen ein bisschen älter waren, durften sie nicht weiterlernen. Sie sollten im Haushalt helfen oder heiraten und viele Jungen gingen bei ihrem Vater in die Lehre.

Gegen Ende des Beth Talmuds ging dann eine exklusive Gruppe – abermals nur die Allerbesten und Klügsten – im Alter von dreizehn oder vierzehn Jahren weiter zur nächsten Unterrichtsstufe über, dem Beth Midrasch. Dies war quasi nun die „Universität". Zum Beth Midrasch gelangte man, wenn die Aussicht bestand, dass man selber einmal Lehrer oder Rabbi werden würde.

Zur Zeit Jesu hatte jeder Rabbi seine eigene Deutung der Thora. Diese persönliche Interpretation wurde „das Joch" genannt. Sicher ist uns dies noch aus der Landwirtschaft bekannt. Ein Joch ist ein Querbalken, das beim Pflügen auf den Nacken zweier Ochsen gelegt wird. Man könnte es in etwa mit Predigern

[7] Jüdische Einteilung des Alten Testaments.

heute vergleichen, die zwar die gleiche Bibel benutzen, sich aber in manchen Ansichten und Lehrfragen unterscheiden. Genauso hatten die Rabbis damals ein unterschiedliches Joch. Ein Rabbi wählte dann sorgfältig seine Studenten aus, um dieses Joch zu tragen, d. h. seine eigene besondere Interpretation der Thora anzunehmen und weiterzutragen.

Nachdem ein kluger und begabter Junge mit dem Beth Talmud fertig war und das ganze Alte Testament auswendig gelernt hatte, sagte er sich: „Ich will einem Rabbi folgen. Ich will sein Joch auf mich nehmen.“ Also wählte er seinen Lieblingsrabbiner, ging zu ihm und sagte: „Ich will dir nachfolgen.“ Doch der Rabbi setzte ihn erst einmal einem Sperrfeuer von allerhand schwierigen Fragen aus über das Alte Testament, das Leben und darüber, was richtig und was koscher ist. Für gewöhnlich wurden die Schüler dann meist mit den folgenden Worten abgewiesen: „Übe einfach deinen Beruf aus.“ Das bedeutete: „Werde kein Rabbi. Geh hin und mache das Gleiche wie dein Vater. Ist dein Vater Fischer? Gut, dann sei du das auch. Ist er Zimmermann? Dann solltest du das auch werden.“ Den gleichen Beruf wie sein Vater auszuüben, ist nicht unbedingt das Schlechteste auf der Welt. Bei mir ist das ja auch der Fall. Doch für solche Schüler kam das einer knallharten Ablehnung gleich. In Wirklichkeit meinte der Rabbi nämlich: „Du bist nicht gut genug, um mir nachzufolgen.“ Für gewöhnlich gehorchten die Schüler und fingen tatsächlich an zu fischen, bestellten ihre Felder oder wurden Bauarbeiter.

*In Wirklichkeit meinte der Rabbi damit: „Du bist nicht gut genug, um mir nachzufolgen.“*

Doch manchmal sagte der Rabbi auch zu einem besonders außergewöhnlich guten und klugen Schüler: „Folge mir nach!“ In diesem Fall war dann der Rabbi der Meinung, der Schüler sei gut genug, um so zu werden wie er selbst. Er erkannte in diesem Schüler die Fähigkeit und die Begabung, sein Joch auf sich zu nehmen. Ein solcher Rabbi wählte immer den besten und klügsten Schüler aus. Wenn ein Rabbi jemanden auswählte und zu ihm sagte: „Folge mir nach!", kam dies der größten Ehre gleich, die einem zuteilwerden konnte. Dann war man der intelligenteste und würdigste aller Schüler.

Bevor man dann dem Rabbi tatsächlich nachzufolgen begann, kam noch der Vater, der Mentor oder ein Onkel des Schülers und legte diesem die Hände auf die Schultern und sprach dabei das folgende Segensgebet: „Möge der Staub deines Rabbis dich vollständig bedecken." Das war eine Anspielung darauf, was dem Schüler nun bevorstand. Ein Rabbi ging auf einem staubigen Weg seinen Jüngern voran, die ihm folgten. Die Schüler würden auf diese Weise buchstäblich mit Staub bedeckt werden. Hinter dem Segensgebet stand also diese Vorstellung, dass die Jünger vom Staub des Rabbis bedeckt werden würden, dem sie die ganze Zeit über folgten, um schließlich genau so zu werden wie jener.

Stellen wir uns jetzt einmal folgendes Szenario vor: Ein berühmter Rabbi mit dem Namen Jesus zieht umher. Viele halten ihn für einen Propheten. Man erzählt sich von ihm, er würde Kranke heilen und Tote wieder lebendig machen. Man sagt, er sei gekommen, um ein neues Zeitalter anzukündigen und würde allerlei Wunder vollbringen. Dieser große Rabbi, der allseits bekannt ist, kommt in ein Dorf und geht auf ein paar junge Männer zu. Diese wurden früher vermutlich einmal von einem Rabbi abgewiesen. Er geht auf diese Männer zu und sagt: „Folge mir nach!" Diese Worte spricht er zum Beispiel zu Petrus, Jakobus, Johannes und sogar zu Matthäus, einem Steuereintreiber.

Sie alle wussten sehr wohl, *wer* dieser Rabbi war und ihr Herz zersprang dabei fast vor Freude. Und so lassen sie ihre Netze (oder was auch immer) zurück in dem Bewusstsein, dass Jesus sie gut genug findet. Vielleicht ging ihnen dabei folgender Gedanke durch den Kopf: „Ein anderer, unbedeutenderer Rabbi hat mich einst abgelehnt. Doch dieser berühmte Wundertäter sagt zu mir, einem einfachen Fischer (oder einem Steuereinnehmer oder Zimmermann): ‚Du bist gut genug, um mein Jünger zu werden und mein Joch auf dich zu nehmen und so zu werden wie ich.'" Von diesem Augenblick an folgten diese zwölf jungen Männer dem großen Rabbi Jesus.

Weil nun Jünger die Aufgabe haben, genau wie ihr Rabbi zu werden, gab Jesus ihnen auch einige Hausaufgaben. Sie sollten zunächst predigen und unterrichten. Doch dann sollten sie auch Dämonen austreiben, Kranke heilen und Tote auferwecken. Natürlich fragten sie sich selbst, ob sie das überhaupt konnten. Doch ihr Gedanke war: „Jesus macht es, also muss ich es auch machen." Und so schickte Jesus sie los. Sie sahen irgendwo einen Kranken. Was hätte Jesus jetzt getan? Er hätte ihm die Hände aufgelegt. Also tun auch sie dasselbe und ein kranker Mann richtet sich auf und wird geheilt.

Kommen wir nun zurück zu jener Begebenheit, wo Petrus aus dem Boot steigt, um auf dem Wasser zu Jesus zu gehen. Es ist noch immer das Ziel der Jünger, ihrem Rabbi in allem nachzufolgen. Sie müssen noch immer durch seinen Staub bedeckt werden. Und da kommt der Rabbi auf dem Wasser auf sie zu. Die zwölf Jünger im Boot haben Todesangst, sowohl vor dem Sturm als auch vor dem Wasser selbst. Sie befinden sich unmittelbar vor den Pforten der Hölle. Doch ihr Rabbi geht ganz ruhig und als wäre es das Natürlichste auf der Welt auf dem Wasser auf sie zu. Dann spricht er zu Petrus: „Komm!", worauf Petrus aus dem Boot steigt und tatsächlich über das Wasser geht. Petrus konnte dies nur deshalb tun, weil er so viel Zeit mit dem Rabbi verbracht hatte. Immer dann, wenn er etwas getan hatte, was der Rabbi ihm auftrug, brachte das viel Frucht.

Doch dann beginnt Petrus aus Angst im Wasser zu versinken. Jesus stellt ihm daraufhin die folgende Frage: „Warum hast du gezweifelt?" Für gewöhnlich bekommen wir an dieser Stelle meist als Erklärung zu hören, dass Petrus zu wenig Glauben an Jesus besaß. In Wirklichkeit zweifelte Petrus aber nur an sich selbst. In seinem eigenen Herzen und Geist fehlte es ihm letztlich an Vertrauen, dass er genauso sein konnte wie sein Lehrer. Wenn man es genau betrachtet ist Petrus im Grunde genommen noch immer ein Fischer. Er findet die Wellen zu hoch und den Wind zu stark. Andererseits vernimmt er noch immer dieses innere Reden von Jesus: „Du kannst genauso werden und sein wie ich. Auch du kannst genauso entschlossen, mutig und stark sein, weil mein Geist in dir lebt."

Und wie sieht das bei uns aus? Wie reagieren wir darauf? Wir sind vielleicht nur gewöhnliche Arbeiter, Techniker oder Kaufleute. „Das kann ich einfach nicht", sagen wir. „Vielleicht schaff ich es, ein bisschen so zu sein, aber mehr auch nicht." Doch was sagt Jesus in Johannes 14,12? *„Ich sage euch die Wahrheit: Wer an mich glaubt, wird die gleichen Taten vollbringen wie ich – ja, sogar noch größere."*

Ich möchte, dass Sie Folgendes wissen: Je mehr Zeit wir mit dem Rabbi Jesus verbringen, desto mehr werden wir ihm ähnlich sein. Je mehr wir mit seinem Staub bedeckt werden, desto mehr werden wir genauso wie er. Je mehr wir mit Jesus zusammen sind, desto mehr werden wir von ihm erfüllt, verändert, erneuert und wiederhergestellt. Wir werden jeden Tag ein wenig mehr glauben, dass Gott tatsächlich eng involviert ist in das, was in der Welt um uns her geschieht. Auch inmitten von Schwierigkeiten ist er da und wird uns immer Mut und Kraft verleihen. Damit dürfen wir fest rechnen und können darauf als festes und ewiges Fundament bauen.

Jesus zog mit seinen Jüngern durch Jericho. Dort lebte ein sehr reicher Mann namens Zachäus, der oberste Zolleinnehmer. Zachäus wollte Jesus unbedingt sehen; aber er war sehr klein, und die Menschenmenge machte ihm keinen Platz. Da rannte er ein Stück voraus und kletterte auf einen Maulbeerbaum, der am Weg stand. Von hier aus konnte er alles überblicken. Als Jesus dort vorbeikam, entdeckte er ihn. „Zachäus, komm schnell herab!", rief Jesus. „Ich möchte heute dein Gast sein!" Eilig stieg Zachäus vom Baum herunter und nahm Jesus voller Freude mit in sein Haus. Die anderen Leute empörten sich über Jesus: „Wie kann er das nur tun? Er lädt sich bei einem Gauner und Betrüger ein!" Zachäus aber sagte zu Jesus: „Herr, ich werde die Hälfte meines Vermögens an die Armen verteilen, und wem ich am Zoll zu viel abgenommen habe, dem gebe ich es vierfach zurück." Da sagte Jesus zu ihm: „Heute hat Gott dir und allen, die in deinem Haus leben, Rettung gebracht. Denn auch du bist ein Nachkomme Abrahams. Der Menschensohn ist gekommen, Verlorene zu suchen und zu retten."

LUKAS 19,1-10

# 4

# Mit Jesus zu Tisch

Ich erinnere mich noch gut an das Jahr 2000, weil ich mich in diesem Jahr in Deutschland aufhielt. Es war während der Expo in Hannover. Ich hatte eine Einladung von David Mainse bekommen, der eine Gemeinde in Kanada leitete, die einen eigenen Fernsehsender hatte. Sie erstellten hauptsächlich Sendungen für junge Leute. Weil David mich von *Hour of Power* kannte, fragte er mich, ob ich in Deutschland an ihrem Programm „Frequency Expo" mitarbeiten wollte.

Am Anfang fand ich es außerordentlich spannend. Ein halbes Jahr in Deutschland, quasi am anderen Ende der Welt zu sein, war schon ziemlich verlockend. „Das wird sicher fantastisch", dachte ich. Und das war es auch – zumindest für etwa drei Wochen. Dann bekam ich schreckliches Heimweh.

Obwohl ich im Sommer nach Deutschland kam und großartige Konzerte in ganz Europa besucht hatte, spürte ich nur fünf Monate später heftiges Verlangen, nach Hause zu gehen. Als unser amerikanisches „Thanksgiving"-Fest[8] bevorstand, das in Amerika immer am letzten Donnerstag im November gefeiert wird, war ich ziemlich niedergeschlagen. Dieses Fest ist für uns zugleich auch der Anfang der Adventszeit, die uns auf Weihnachten einstimmt. An „Thanksgiving" widmen sich die Frauen in der Familie der Zubereitung von dem Truthahn, Torten, Pasteten und vielen anderen Leckereien. Wenn man morgens wach wird, sind sie schon am Kochen. An „Thanksgiving" gibt es dann um vier Uhr nachmittags eine gewaltige Festmahlzeit.

---

[8] Das in den USA gefeierte „Thanksgiving", englisch für Danksagung, ist eine Form des Erntedankfestes, weicht aber stark vom Fest nach europäischen Traditionen ab.

Ich weiß noch genau, wie ich in jenem Jahr an „Thanksgiving" wach wurde. Es war fürchterlich kalt in dem Haus, in dem ich als einziger US-Amerikaner zusammen mit 30 Deutschen und Kanadiern wohnte. Alle schliefen noch, doch ich war schon wach und mir war völlig klar, dass wir „Thanksgiving" hatten (die Kanadier feiern ihr „Thanksgiving" übrigens im Oktober). Dementsprechend schlecht war meine Laune an diesem Tag, weil ich das ganze Drumherum vermisste. Doch dann geschah Folgendes: Als ich abends von der Arbeit zurückkam, standen auf dem Tisch allerlei Leckerbissen. Alle schauten mich erwartungsvoll an. Ich sah Truthahn, Schnitzel, Sauerkraut und all die anderen Speisen. Es war wirklich ein Festmahl. Wie hatten sie das bloß angestellt? Es war einfach sagenhaft!

Während des Essens hielten wir uns an die amerikanische Tradition, bei der jeder der Reihe nach erzählt, für welches Ereignis des vergangenen Jahres man am dankbarsten ist. Als ich an der Reihe war, sagte ich: „Für diesen Augenblick. Hier und jetzt. Ich bin euch so dankbar dafür." Während dieses gemeinsamen Festmahls hatte ich plötzlich das Gefühl, zu Hause zu sein.

Was diese jungen Leute für mich taten, tat Jesus mit großer Regelmäßigkeit. Wenn man bei uns in die Gemeinde kommt, sage ich vor dem Gottesdienst immer, dass Jesus eine Vorliebe für gemeinsame Mahlzeiten hatte. Jesus liebte es, zusammen mit anderen zu essen. Zu seiner Zeit war die gemeinsame Mahlzeit noch sehr viel bedeutungsvoller als heutzutage. Nahrung und Speise waren geradezu etwas Heiliges. Sobald man sich setzte und mit jemandem aß, akzeptierte man den anderen als seinesgleichen. Man nannte ihn dann „Bruder" oder „Schwester".

Auch in Hofkreisen war es in jenen Tagen üblich, mit einer großen Menschengruppe zusammen zu essen. Alle Leute von hohem Rang und Namen saßen dabei in einem tiefer liegenden Teil des Speisesaales als der König und seine Blutsverwandten. Dies brachte zum Ausdruck, dass die anderen nicht ebenbürtig waren. Es versteht sich von selbst, dass man im Allgemeinen eine Mahlzeit lieber mit jemandem mit großem Ansehen einnahm, als mit jemandem, auf den man herabsah.

Halten wir uns nun Folgendes vor Augen: Da ist Jesus, dieser große Rabbi. Er ist sehr bekannt und überall redet man von ihm. Man kennt ihn als einen Wundertäter. Man mutmaßt, er sei der kommende Prophet oder sogar der Messias. Einige halten ihn sogar für den Sohn Gottes. Tausende Menschen folgen ihm überall hin, egal wohin er geht. Und das sind nicht nur gewöhnliche Leute, sondern selbst Pharisäer und Schriftgelehrte folgen ihm.

Eines Tages geschieht dann das Unfassbare: Jesus geht direkt auf einen Steuereinnehmer zu. Solche Leute zählten zum Abschaum der damaligen jüdischen Gesellschaft. Sie wurden als Überläufer angesehen, die mit den Römern unter einer Decke steckten. Steuereinnehmer bzw. Zöllner waren bei allen im Volk verhasst. Auch Matthäus war ein solcher Steuereinnehmer. Jesus geht entschlossen zu Matthäus und sagt: „Ich komme heute zum Essen zu dir." Man kann sich das Ganze lebhaft vorstellen. „Bei mir?", fragt Matthäus völlig entgeistert. „Du, ein Prophet, willst bei mir, einem Steuereinnehmer, essen?"

Was Jesus tut, ist auch für die Pharisäer nicht nachvollziehbar und fällt völlig aus dem Rahmen, im Gegensatz zu dem, was sonst sozial angebracht war. „Was?! Er isst bei einem Steuereinnehmer?" In der Tat! Jesus aß mit stadtbekannten Sündern, mit Leuten von niedrigem Stand und mit denen, die missachtet wurden. Aus diesem Grund platzte es geradezu aus ihnen heraus: „Rabbi, weißt du denn nicht, *was* das für ein Mann ist? Rabbi, weißt du denn gar nicht, *was* das für eine Frau ist? Du bist nicht wie sie! Er ist ein Steuereinnehmer. Sie ist eine Prostituierte, geradezu die Verkörperung der Sünde und Schande. Und du *isst* mit diesen Leuten?" Doch Jesus erwidert ihnen: *„Die Gesunden brauchen keinen Arzt, sondern die Kranken!"* (Lukas 5,31).

*„Die Gesunden brauchen keinen Arzt, sondern die Kranken!"*

So war Jesus. Er ging zu den Ausgestoßenen und aß mit ihnen, wodurch deren Leben eine andere Wendung nahm. Nehmen Sie zum Beispiel Zachäus, den reichen Oberzöllner, von dem uns Lukas in seinem Evangelium berichtet. Von ihm konnte man gut und gerne behaupten, er habe Menschen große Geldsummen abgenommen und damit auch noch in unverschämter Weise vor seinen Opfern geprahlt, ohne dass er dabei auch nur ansatzweise ein schlechtes Gewissen hatte.

Doch schauen wir uns die Geschichte von Zachäus einmal genauer an. Jesus geht auf einer Straße entlang. Eine große Menschenmenge zieht hinter ihm her. Tausende am Straßenrand beobachten ihn gespannt. Doch nicht nur sie, sondern auch jener kleinwüchsige und von allen gehasste Mann, der auf einen Baum klettert, um Jesus besser sehen zu können. Die ganze Prominenz ist da versammelt, Leute wie vielleicht ein Martin Luther King, eine Mutter Teresa oder ein Gandhi. Jesus machte sich schon Gedanken darüber, mit wem er abends überhaupt essen sollte. Dann schaut er zu diesem Baum hinauf und sagt plötzlich: „Hör mal, du betrügerischer Zolleinnehmer. Ich will heute zu dir kommen, damit wir gemeinsam miteinander essen!"

Dadurch, dass Jesus tatsächlich mit Zachäus gemeinsam isst und hiermit zum Ausdruck bringt, dass er auf gleicher Stufe mit ihm steht und ihn lieb hat, verleiht Jesus diesem Mann eine völlig neue Identität. Schließlich verspricht Zachäus: „Ich höre sofort auf damit, mich auf Kosten anderer zu bereichern." Und tief im Herzen dieses betrügerischen Zöllners entsteht eine nie gekannte Dankbarkeit. Da gibt es jemanden, der in ihm etwas sieht, was noch nie zuvor ein Mensch in ihm gesehen hatte! Dieser Prophet ist viel mehr als nur ein Wundertäter. Er ist viel größer. Jesus ist jemand, der Menschen wirklich liebt. So wurde Zachäus für immer verändert – wegen einer einzigen Mahlzeit.

*Jesus ist jemand, der Menschen wirklich liebt.*

Immer wieder lesen wir in den Evangelien davon, wie Jesus mit anderen Menschen zusammen isst. Auch an jenem Abend, an dem er verraten wurde, heißt es: *„Dann nahm er Brot. Er dankte Gott dafür, teilte es und gab es ihnen mit den Worten: ‚Das ist mein Leib, der für euch hingegeben wird. Feiert dieses Mahl immer wieder, und denkt daran, was ich für euch getan habe, sooft ihr dieses Brot esst'"* (Lukas 22,19). Was meinen Sie: Woran dachten wohl die Jünger später jedes Mal beim Abendmahl? Natürlich erinnerten Sie sich an den Tod und die Auferstehung Jesu. Doch nicht nur das! Sie erinnerten sich auch daran, wie sich Jesus zu den Ausgestoßenen setzte – zu der Prostituierten, zu dem Aussätzigen und zu denen, für die sich niemand interessierte. Zu ihnen sagte er: „Du bist mein Bruder, du bist meine Schwester, du bist meinesgleichen." Das Abendmahl, eins der heiligsten Bräuche innerhalb der christlichen Tradition, hat unter anderem die Aufgabe, zerbrochene Menschen wieder nach Hause zu bringen. Ist das nicht fabelhaft? Mittels einer einfachen Mahlzeit finden wir Erlösung von unseren Qualen, unserem Kummer und unserer Zerbrochenheit. Dafür danken wir Gott in unserer Antwort auf das Abendmahl.

Das Abendmahl wird auch „Eucharistie" genannt. Dieses Wort leitet sich vom griechischen *eucharistēo* her, was „dankbar sein" bedeutet. Wenn wir das Abendmahl nehmen, erinnern wir uns auf zweifache Weise daran, was Jesus getan hat: Wir denken einerseits zurück an den Tod und die Auferstehung Jesu, andererseits denken wir auch an die Tatsache, dass er jedes verlorene Schaf wieder nach Hause gebracht hat. Indem er mit ihnen aß, erlöste er sie.

In dem Wort „Eucharistie" steckt auch das Wort *charis*, das „Gnade" oder „Wohltat" bedeutet. Es meint speziell die Gnade, die ein Sklave durch seine Freilassung erhält. Auch zur römischen Zeit gab es hin und wieder Sklavenauktionen, wo diese verkauft wurden. Es gibt wohl kaum etwas, das Menschen so entehrt wie die Sklaverei. Bei einer solchen Auktion standen lauter Männer, Frauen und Kinder in Ketten gelegt auf einem

Podest. Ein Auktionator ließ die interessierten Käufer ihre Gebote machen. Die Leute sagten dann: „Ich biete hundert Sesterzen[9]!“ „Ich dreihundert!“, überbot ihn ein anderer. „Ich biete fünfhundert Sesterzen!“, sagte ein Dritter. Bei einer alten Frau sagte jemand zum Beispiel: „Hm, höchstens fünfzig Sesterzen.“ „Wer bietet mehr?“, versuchte der Auktionator dann den Preis in die Höhe zu treiben. „Sie kann kochen, saubermachen und leckeren Kuchen backen.“ Manchmal geschah es jedoch, dass jemand in den hintersten Reihen 100 000 Sesterzen bot. „Exaggeratio“ hieß so ein übertrieben hohes Gebot. So geschah es manchmal, dass Sklaven durch eine solche „Exaggeratio“ befreit wurden, zum Beispiel von reichen Leuten, die einmal im Jahr zum Sklavenmarkt gingen und sagten: „Dieser Sklave ist fortan kein Sklave mehr.“ Das war dann eine *charis* – eine Gnade, eine Wohltat und bedeutete für immer Freiheit. Die Reaktion eines Sklaven auf solch eine *charis* war dann eine *eucharistia* – Dankbarkeit.

*Jesus sagt uns: „Aufgrund meines Todes am Kreuz und meiner Auferstehung, meiner Liebe und meines Versprechens, dich nach Hause zu bringen, bist du frei, sobald du kommst und an meinem Tisch sitzt. Ich schenke dir Gnade, Vergebung, Erneuerung und Liebe. Das ist auf ewig meine charis, meine Gnade für dich.“*

Ein römischer Bürger war mit diesen Worten vertraut, weil sie Bestandteil des sozialen Lebens waren. Auch wir Christen sollten uns hiermit mehr und mehr vertraut machen. Jesus sagt uns: „Aufgrund meines Todes am Kreuz und meiner Auferstehung, meiner Liebe und meines Versprechens, dich nach Hause zu bringen, bist du frei, sobald du kommst und an meinem Tisch sitzt. Ich schenke dir Gnade, Vergebung, Erneuerung und Liebe. Das ist auf ewig meine *charis*, meine Gnade für dich.“

[9] Der Sesterz war die Münzeinheit im Römischen Reich.

Wenn wir glauben, dass wir frei werden können von Dingen wie Bosheit, Scham, Angst, Zweifel, Hass und Rache, kann es gar nicht anders sein, als dass unser Leben von einer tiefen Dankbarkeit geprägt ist. Wenn wir aus tiefstem Herzen davon überzeugt sind, dass wir zu einem Menschen verändert werden können, der fortan seine Feinde liebt, ihnen die andere Wange hinhält und böses Gerede nicht damit vergilt, dass man über andere lästert, werden wir auf ewig für eine solche Veränderung dankbar sein. Eine solche Dankbarkeit ist unabhängig von den momentanen Umständen. Wir können täglich voller Dankbarkeit sein, ganz gleich wie es um unsere Gesundheit oder finanzielle Situation bestellt ist. Eine solche Dankbarkeit ist auch unabhängig von dem, was man im Leben erreicht oder nicht erreicht hat. Wir sind dann in der Lage, ein dankbares und glückliches Leben zu führen.

*Wir können täglich voller Dankbarkeit sein, ganz gleich wie es um unsere Gesundheit oder finanzielle Situation bestellt ist.*

Als kleiner Junge war ich hin und wieder undankbar. Eines Tages, als ich wieder einmal so mürrisch und undankbar war, erzählte mir mein Vater von zwei Zwillingsbrüdern. Der eine Junge freute sich immer über alles. Nichts konnte seiner Begeisterung Abbruch tun. Er genoss das Leben in vollen Zügen. Der andere hingegen war immer nur negativ, unglücklich und undankbar. Forscher widmeten sich diesem Fall und wagten ein Experiment: Sie wollten versuchen, den undankbaren Jungen positiv und dankbar zu machen und den dankbaren Jungen negativ und undankbar. Beide Jungen erhielten jeder ein besonderes, eigens für sie vorbereitetes Zimmer. Der undankbare Junge landete in einem Zimmer voller Süßigkeiten und mit dem allerschönsten Spielzeug. Der fröhliche Junge hingegen wurde in ein Zimmer voller Mist und Heu gesteckt. Die Forscher waren davon überzeugt, dass ihr Experiment glücken würde. Doch als sie in das Zimmer voller Spielzeug und Süßigkeiten traten, trafen sie den undankbaren Jungen weinend an. „Was ist los?", fragten sie. Der Junge antwortete: „Beim Spielzeug fehlt gerade das, was ich schon immer so gerne haben wollte! Ihr habt es offensichtlich vergessen." „Das ist ja unglaublich!", konstatierten die Forscher und begaben sich fassungslos zum anderen Zimmer. Als sie die Tür öffneten, waren sie noch erstaunter, als sie den anderen Jungen auf dem Misthaufen tanzen sahen. Voller Freude warf er Hände voller Heu um sich und hatte seinen Spaß. „Warum bist du so glücklich?", erkundigten sich die Forscher. Der Junge antwortete: „Wenn hier so viel Pferdemist liegt, wird wohl irgendwo auch ein Pferd sein, oder?"

Solche Menschen wie jener unglückliche Zwilling gibt es wirklich. Es sind Menschen, die, ganz gleich was passiert, immer negativ sein werden. Es gibt nichts, was ihnen gut genug wäre oder wofür sie dankbar sein könnten. Alles in ihrem Leben läuft schief. Solche Menschen sind bedauernswerte Geschöpfe. Doch zum Glück gibt es auch noch Menschen, die, ganz gleich was geschieht, immer dankbar sind. Und zu solchen Menschen möchte ich gehören. Ich will dankbar sein für alles, ob es nun Fehlschläge gibt oder nicht. Sowohl im Glück als auch im Unglück möchte ich dankbar sein. Wenn wir diese Entscheidung treffen, sind wir wirklich glücklich. Sie sind wirklich glücklich, wenn Sie trotz Ihrer Schmerzen, Ihrer Ehescheidung oder Ihrer Kündigung sagen können: „Ich bin trotzdem noch dankbar. Ich habe schließlich noch meine Familie oder Freunde. Ich lebe noch!" Dann gehören Sie zu den Menschen, die es einfach herrlich finden zu leben. Wenn wir in allen Situationen dankbar sein würden, wären wir viel glücklicher.

*Wenn wir in allen Situationen dankbar sein würden, wären wir viel glücklicher.*

Als Isai und seine Söhne eintrafen, fiel Samuels Blick sofort auf Eliab, und er dachte: „Das ist bestimmt der, den der Herr als König ausgesucht hat." Doch der Herr sagte zu ihm: „Lass dich von seinem Aussehen und von seiner Größe nicht beeindrucken. Er ist es nicht. Denn ich urteile nach anderen Maßstäben als die Menschen. Für die Menschen ist wichtig, was sie mit den Augen wahrnehmen können; ich dagegen schaue jedem Menschen ins Herz."

1. Samuel 16,6-7

# 5

## Masken runter

Wenn Sie unseren Gottesdienst ***Hour of Power*** schon einmal im Fernsehen gesehen haben, dann wird Ihnen nicht entgangen sein, dass wir darin immer dazu auffordern, sich dem Platznachbarn zuzuwenden und ihm Folgendes zu sagen: „Gott liebt Sie, und ich auch!“ Es ist allerdings tragisch, dass so viele Missverständnisse über die Bedeutung des Wortes „Liebe“ bestehen, sodass selbst eine solch einfache Botschaft wie die, dass Gott Sie liebt, unklar sein kann.

Man fragt sich zu Recht, wie das sein kann, wo doch die Liebe Gottes schließlich das Grundlegendste und Wesentlichste in der Theologie ist und all unseren christlichen Glaubensbekenntnissen und Überzeugungen zugrunde liegt. Wir müssen zunächst einmal erkennen, wie unermesslich groß, grenzenlos und umfassend die Liebe Gottes zu seinen Söhnen und Töchtern ist. Ich spreche hierbei nicht nur von der Liebe Gottes zu seiner Kirche im Allgemeinen, sondern zu Ihnen ganz persönlich als ein Sohn oder eine Tochter Gottes im Speziellen. Wir müssen wissen, dass Gott uns genauso liebt, wie ein Vater jedes seiner Kinder auf ganz besondere Weise liebt.

*Nichts kann Gottes Liebe und Wertschätzung für Sie zunichtemachen.*

Diese unbegrenzte, unendliche Liebe Gottes ist die Quelle all unseres Glaubenslebens, aller wahren christlichen Lehre sowie allen Wachstums. Es ist von entscheidender Wichtigkeit, sich bewusst zu machen, dass Gottes Liebe alles bei Weitem übersteigt. Selbst wenn Ihnen Gott womöglich gar nichts bedeutet, Sie mutwillig gegen ihn sündigen oder was auch immer Sie tun –

nichts kann Gottes Liebe und Wertschätzung für Sie zunichtemachen.

Mit dieser Tatsache können wir nun auf zweierlei Weise umgehen. In dem einen Fall ist es uns egal und es interessiert uns gar nicht. Vielleicht wissen wir noch nicht einmal, wer Gott ist und ob es ihn wirklich gibt. Wir glauben nur an irgendein höheres Wesen. Doch letztlich hat es für uns keinerlei Bedeutung, ob Gott uns liebt oder nicht. Im anderen Fall sind wir versucht, uns Gottes Liebe verdienen zu wollen. Man gibt zwar sein Bestes, um ein gutes Leben zu führen, und strengt sich an, doch irgendwie scheint einem immer alles zu misslingen. „Gott ist jetzt bestimmt böse auf mich“, denken wir dann, oder wir meinen, dass wir ihm egal wären und er sich nicht um uns kümmern würde. Doch das stimmt nicht. Nichts, was Sie oder ich tun oder denken, vermag die unendliche und unsterbliche Liebe des Vaters zu seinen Kindern auszulöschen.

Doch der Begriff „Liebe“ ist nicht ganz unproblematisch. In vielen Sprachen hat es nämlich eine ganz andere Bedeutung als im Griechischen. In unserem Sprachraum ist „Liebe“ ein ziemlich schwammiger Begriff. Im Folgenden konzentriere ich mich auf die höchste Form von Liebe.

Ich möchte damit beginnen und kurz von meiner Frau und mir sprechen. Doch bevor ich Hannah ins Spiel bringe, muss ich Tiffany erwähnen. Sie war es, die mich einmal einlud, in eine Jugendgruppe mitzukommen. Ich war damals sechzehn und fand die Veranstaltung klasse. Es war eine riesige Jugendgruppe, man konnte Basketball spielen und sogar Videospiele hatten sie dort. Man hatte weder Kosten noch Mühen gescheut. Ich fand das alles ganz toll. Irgendwann stellte mich Tiffany auch einer ihrer Freundinnen vor. Sie klopfte einer Brünetten auf die Schulter und sagte: „Hannah, das ist Bobby.“ Und wie in einer Art Zeitlupe sehe ich es noch heute vor mir, wie das Haar von Hannah Presley herumschwang und ihr über die Schultern fiel. Dann schaute sie mir tief in die Augen. Ich sagte nichts. Ich wusste einfach nicht, wie mir geschah. Hannah war die schönste Frau, die ich je gesehen hatte.

Eine Woche später machte ich mit Tiffany Schluss. Vom ersten Moment an war ich Hannah total verfallen und versuchte sofort, auf alle möglichen Arten und Weisen sie zu beeindrucken. Ich sorgte dafür, dass ich interessante Menschen um mich scharte, um wichtig zu wirken. Ich kaufte eine schöne Uhr und besonders ausgeflippte Schuhe (die sie abscheulich fand, so erzählte sie es mir später). Auch mit meiner Kleidung versuchte ich Eindruck zu schinden. Das einzige Problem war, dass ich in ihrer Nähe kaum ein Wort über die Lippen bekam. Und wenn ich schließlich ein paar Worte hervorbrachte, hörte ich mich wie ein völliger Trottel an. Ich geriet ins Schwitzen und machte mich schleunigst aus dem Staub, wohlwissend, dass ich die ganze Sache mal wieder vergeigt hatte.

Als ich mich dann endlich dazu durchgerungen hatte, sie für den Abschlussball einzuladen, sagte einer meiner Freunde zu mir: „Du, Hannah Presley hat mich gerade gebeten, sie auf den Ball zu begleiten.“ Also dachte ich, dass sie überhaupt nichts für mich empfand und lieber mit meinem Freund ging, der auch viel besser aussah als ich. Außerdem waren sie auch schon einige Jahre lang befreundet gewesen.

Einige Zeit später ergab es sich, dass wir beide als Ehrenamtliche zusammen arbeiteten. Auch freundete ich mich mit ihrem Bruder an, sah sie oft und versuchte weiterhin, Eindruck zu schinden. Ich tat das in der Hoffnung, dass sie vielleicht irgendwann mit ihrem Freund Schluss machte und ich eine Chance bekam. Doch ich wartete vergeblich auf diesen Augenblick.

Die Jahre vergingen. Und ausgerechnet einen Tag, bevor ich nach Deutschland aufbrach, erfuhr ich, dass Hannah sich von ihrem Freund getrennt hatte. Ich war fix und fertig. Endlich war Hannah Presley frei und ausgerechnet dann musste ich nach Deutschland! Ich zerbrach mir den ganzen Tag über den Kopf, was ich denn jetzt nur machen sollte? Sollte ich sie anrufen? Sollte ich mit ihr reden und mich dabei wieder wie ein Idiot aufführen? Nein, ich wollte mich nicht wieder blamieren.

Schließlich flog ich nach Europa. Während eines Ausflugs in ein verregnetes und düsteres Venedig sah ich überall glückliche Pärchen herumlaufen. Wie gerne wollte ich in diesem Augenblick nach Amerika zurückfliegen! In diesem Moment fasste ich einen Entschluss: Ich wollte Hannah einen Liebesbrief schreiben. Also wählte ich wunderschönes Papier aus, schrieb den Brief, schloss den Briefumschlag, doch ich schickte ihn nicht ab, sondern behielt ihn bis zur Rückreise nach Amerika.

Als ich Hannah das nächste Mal wiedertraf, lud sie mich zu einer Bibelgruppe ein. Ich schmiss mich sofort in neue Klamotten. Ein tolles Auto hatte ich schon. Ich tat einfach alles, um sie irgendwie zu beeindrucken. Doch kaum war ich angekommen, erfuhr ich, dass sie wieder mit ihrem Freund zusammen war. Ich dachte nur: „Das kann doch wohl nicht wahr sein!" Zwar trennte sie sich wieder von ihm, doch ich konnte nach wie vor nicht bei Hannah landen – ganz gleich was ich auch tat.

Dann kam auf einmal der Durchbruch. Ein anderer Freund vertraute mir plötzlich an, dass er schrecklich verliebt sei in – Sie können sich sicher schon denken, was jetzt kommt –, Hannah Presley! „Interessant", murmelte ich vor mich hin, während mir klar wurde, dass ich offensichtlich nur einer von vielen war, der ein Auge auf sie geworfen hatte. Die Männer erlagen ihr scharenweise. Von diesem Augenblick an beschloss ich, all meine Versuche einzustellen, ihr irgendwie imponieren zu wollen. Ich gab es auf und ich wollte stattdessen einfach nur noch ihr Freund sein. Ich begann mich so zu verhalten, wie ich wirklich war. Was glauben Sie, was passierte? Als ich endlich damit aufhörte, irgendwelche Masken aufzusetzen, verliebte sie sich schlagartig in mich. In dem Moment, wo ich nicht länger heuchelte und damit aufhörte, Eindruck schinden zu wollen, verliebte sie sich in mich – so wie ich war. Und wie dankbar bin ich dafür, dass sie sich damals nicht in dieses falsche Image von mir verliebte. Wie glücklich bin ich darüber, dass sie sich weder in den „reichen" noch in den „gut gekleideten" Bobby verliebt hatte, denn ich bin weder das eine noch das andere. Sie verliebte sich schlicht und ergreifend in mein wahres Ich – ohne irgendwelche Maske. Und genauso ist es auch bei der Liebe Gottes!

In unserer Kultur kann „Liebe" alles Mögliche bedeuten. Einerseits sagen wir: „Ich liebe meine Frau." Doch wir sagen genauso: „Ich liebe Cremeschnittchen." Wir sagen: „Ich liebe dich!" Aber wir sagen auch, dass wir unseren Hund lieben oder eine bestimmte Fernsehsendung. Mir geht es jedoch um die höchste Form der Liebe. Diese zeigt sich vor allem dann, wo man alles dafür geben würde, damit es einem anderen Menschen besser ergeht. Das ist wahre Liebe! Und ich sage Ihnen Folgendes: Wahre Liebe ist überhaupt nicht an irgendwelchen Masken interessiert. Für sie zählt auch nicht in erster Linie die Schönheit oder der Eindruck, den man auf andere macht. Wahre Liebe kümmert sich auch nicht sonderlich darum, welche Bildung oder Fähigkeiten jemand besitzt. Wahre Liebe hat in erster Linie das Wohl eines anderen im Blick. Wahre Liebe ist bereit, selbst lieb gewordene Dinge zugunsten eines anderen zu opfern. *Das* ist Liebe!

Wir setzen oft eine Maske auf, um die Liebe anderer Menschen zu gewinnen. Auf diese Weise vermarkten wir uns selbst und preisen uns quasi als ein Produkt an. Andere schauen uns an und taxieren uns: „Ja, dich kann ich gebrauchen. Dich will ich haben." Aber wahre Liebe konsumiert nicht. Wahre Liebe gibt und schenkt sich! Doch aufgrund unserer Unwissenheit darüber, was wahre Liebe ist, setzen wir unsere Masken auf, schinden Eindruck und arbeiten an einem bestimmten Image.

Als Kind ist dies längst noch nicht so ausgeprägt. Kinder haben in der Regel wenige Probleme in dieser Richtung. Sie sind meist frei und unbekümmert darin, wie sie sich geben. Daher hat man als Kind auch dieses Gefühl von Freiheit gehabt, das einem im Alter scheinbar zunehmend abhandengekommen zu sein scheint. Kinder wälzen sich im Dreck und scheren sich nicht darum, was für Kleider sie anhaben.

Liebe scheint unter Kindern viel einfacher zu sein, weil man sich so gibt, wie man ist. Wenn andere einen mögen, dann mögen sie einen so wie man ist, egal wie man sich benimmt, aussieht, welche Kleider man trägt, wie klug, gebildet oder lustig man ist. Doch dann kommt die Pubertät. Diese Übergangszeit vom Kind zum Erwachsenen kann ein schwieriger Zeitraum sein. Wenn man in diesem Alter von anderen ausgelacht wird, trifft einen das ungemein hart, weil einem inzwischen die Anerkennung anderer sehr viel wichtiger geworden ist. Dann weiß man, was Ablehnung ist. Und schon stellt man sich schnell darauf ein, welche Dinge man besser nicht sagen oder tun sollte und welche Dinge man sagen oder tun sollte. Wir fangen an, uns zu verstellen, damit wir „dazugehören" und einer von ihnen sind. Mit anderen Worten: Man setzt eine Maske auf. Das Schlimme daran ist, dass man sich je länger je mehr daran gewöhnt, eine Maske zu tragen. Irgendwann merkt man gar nicht mehr, wie dieses aufgesetzte Image zu einem zweiten Ich geworden ist. Ja, wir merken gar nicht mehr, wie wir unsere Maske zu unserer Identität gemacht haben.

*Irgendwann merkt man gar nicht mehr, wie dieses aufgesetzte Image zu einem zweiten Ich geworden ist. Ja, wir merken gar nicht mehr, wie wir unsere Maske zu unserer Identität gemacht haben.*

Doch die höchste Form der Liebe blickt hinter diese Maske. Jemand, der einen aufrichtig liebt, lässt sich von der Maske nicht beeindrucken, die man trägt und beachtet sie gar nicht. Die wahre Liebe spricht: „Ich liebe dich trotzdem. Einfach so, wie du bist." Es ist genauso wie bei dem Vorstandsvorsitzenden einer großen Firma, der seine Eltern besucht. In dem Augenblick, wo er bei ihnen vor der Tür steht, spielen sein schickes Auto, sein maßgeschneiderter Anzug und seine teure Rolex-Uhr überhaupt keine Rolle mehr. Für seine Eltern ist er nach wie vor ihr „Junge", der früher mit seinen Legos spielte. Sie lieben ihn so, wie er ist. Er braucht nichts dafür zu tun. Schon auf der Türschwelle kann er seine Maske fallen lassen. Und das ist auch der

Wunsch Gottes für uns. Er möchte, dass wir unsere Masken auf der Stelle fallen lassen, wenn wir zu ihm kommen.

Wie befreiend ist dieser Gedanke! Wir brauchen uns Gottes Liebe nicht verdienen. Wir müssen nicht am Image eines perfekten, erfolgreichen Christen feilen. Gottes Liebe gilt Ihnen hier und jetzt – egal was Sie getan haben und wer Sie auch sein mögen. Gott denkt an Sie, liebt Sie und freut sich darüber, wenn Sie Zeit mit ihm verbringen. *Das* ist die Quelle und die Grundlage unseres Glaubenslebens! Bevor wir eine tiefe Beziehung mit Gott pflegen können, müssen unsere Masken fallen, denn Gott möchte Sie so, wie Sie sind. Er hat Sie so und nicht anders erschaffen und er liebt Sie auch so, wie Sie sind – unabhängig von dem, was Sie leisten, was Sie besitzen, was man über Sie sagt oder wie erfolgreich Sie sind. Das alles spielt für Gottes Liebe keine Rolle. Er liebt Sie, weil Sie sein Kind sind.

*Wir müssen nicht am Image eines perfekten, erfolgreichen Christen feilen. Gottes Liebe gilt Ihnen hier und jetzt – egal was Sie getan haben und wer Sie auch sein mögen.*

Im 1. Buch Samuel lesen wir, dass das Volk Israel einen König haben wollte. Gott entsprach ihrem Wunsch und gab ihnen Saul zum König. Er war ein großer, gut aussehender und reicher Mann. Das Problem war nur, dass Saul mit der Zeit zu einem regelrechten Tyrannen mutierte. Daher bestand dringend Bedarf nach einem guten König. Und so schickte Gott den Propheten Samuel zu einem gewissen Isai und dessen Söhnen, um unter ihnen den passenden König zu finden. Als Isai alle seine Söhne antreten ließ, dachte Samuel schon beim ersten: „Der ist ja richtig groß, sieht zudem gut aus, ist jung und stark. Das ist sicher derjenige, den der Herr zum König gesalbt haben will." Doch Gott sagte zu Samuel: *„Lass dich von seinem Aussehen und von seiner Größe nicht beeindrucken. Er ist es nicht. Denn ich urteile nach anderen Maßstäben als die Menschen. Für die Menschen ist wichtig, was sie mit den Augen wahrnehmen kön-*

*nen; ich dagegen schaue jedem Menschen ins Herz"* (1. Samuel 16,7). Und so wiederholt sich das Ganze bei jedem Sohn, der Samuel vorgestellt wird. Einer nach dem anderen der Söhne Isais wurde abgelehnt. Nachdem sie alle vorgestellt waren, sagte Samuel zu Isai: „Und? War es das jetzt? Sind das alle deine Söhne gewesen?" Die Brüder fingen schon an, ihre Witze zu machen und sich zu amüsieren, als ihr Vater Isai sagte: „Na ja, da wäre noch David. Der ist gerade bei den Schafen. Aber ich glaube nicht, dass ..." Doch Samuel ließ ihn gar nicht erst ausreden, sondern ließ David holen. Kaum stand David vor ihm, sprach Gott zu Samuel: „Dieser ist es!"

Gott macht sich nichts aus dem, was oftmals bei uns Menschen so hoch im Kurs steht. Letztlich zählen nur Sie als Mensch, und zwar so, wie Sie wirklich sind. Sie mögen außen vor sein, abseits stehen und von anderen belächelt werden, doch Gott liebt Sie! Sie mögen nicht sonderlich erfolgreich sein und vielleicht haben Sie auch schon den einen oder anderen Misserfolg zu verbuchen. Doch das spielt für Gottes Liebe keine Rolle. Er ist bei Ihnen und hat Sie auserwählt! In unserer Gesellschaft tun wir uns sehr schwer damit, weil man sich immer erst alles verdienen muss. Doch ich sage Ihnen, dass wir uns das Kostbarste überhaupt nicht verdienen können. Die ganze Zeit über liegt es direkt vor ihnen. Sie brauchen nur danach zu suchen und sich danach auszustrecken. Gottes Liebe ist der größte Schatz, den ein Mensch je besitzen kann. Sie ist kostbarer als das dickste Bankkonto, die beste Altersvorsorge, die teuersten Statussymbole oder die höchste Anerkennung, die wir von Menschen bekommen können. Gottes Liebe ist der größte Schatz und verleiht dem Leben erst seine Bedeutung. Gottes Liebe verleiht dem Leben seinen Sinn und eröffnet uns den Weg in Gottes Berufung. Sie führt uns zu dem, was es bedeutet, Mensch zu sein. Gottes Liebe erfüllt uns immer wieder aufs Neue. Sie reicht hinein bis in die äußersten Winkel unseres Herzens und erfüllt es mit Leben, Frische und Güte.

Stellen Sie sich einmal folgendes Szenario vor: Ein Mann sitzt auf einem Bürgersteig und bettelt. Er hofft darauf, dass die Passanten ihm irgendeine Mildtätigkeit erweisen oder gar ein paar Euro in seinen Hut legen. Wie aus dem Nichts taucht plötzlich ein Mann vor ihm auf, der sich ihm als Notar vorstellt: „Sind Sie Herr Bachmann?“ Der Bettler nickt. „Hören Sie, Herr Bachmann“, fährt der Notar fort. „Ihr vermeintlich verschollener Onkel war äußerst vermögend und wohlhabend. Nun habe ich die Nachricht erhalten, dass er Sie testamentarisch bedacht und Ihnen seinen gesamten Besitz hinterlassen hat!“ Der Bettler schüttelt ungläubig den Kopf und glaubt dem Mann kein Wort. „Aber schauen Sie sich das hier einmal an! Das ist sein Testament!“, sagt der Notar aufgeregt und mit Nachdruck. „Was soll mir denn so ein Fetzen Papier schon nützen?“, mault der Bettler, zerknüllt das Papier und wirft es achtlos auf den Gehweg. Der Notar hebt die zerknüllte Papierkugel auf, entfaltet sie wieder und sagt: „Aber Herr Bachmann, schauen Sie doch nur: Sie bekommen Häuser, Geld, Bedienstete und Essen. Sie brauchen sich nie mehr Gedanken zu machen, wie Sie den nächsten Tag überleben, sondern können Ihr Leben von heute an genießen. Glauben Sie mir doch! Dieser kostbare Schatz wartet schon auf Sie. Sie bekommen ihn einfach so.“ Doch der Bettler wird unfreundlich und sagt: „Verschwinden Sie! Ich weiß auch so, wie ich an Geld komme. Ich will einfach nur hier sitzen, betteln und meine Ruhe haben.“

Ich möchte Sie sicher nicht beleidigen, wenn ich Ihnen folgende Frage stelle: Könnte es womöglich sein, dass Sie diesem Bettler irgendwie ähnlich sind? Haben Sie vielleicht die Neigung, stets um Anerkennung und Annahme zu betteln? Vielleicht sitzen Sie da und sind innerlich tief verletzt. Viel zu oft haben Sie schon irgendwelche Masken getragen und wurden trotzdem abgewiesen. Man lacht über Sie und meidet Sie. Womöglich sind Sie schon so verzweifelt und innerlich betäubt, dass Sie in Ihrem Misstrauen wie dieser Bettler niemandem mehr Gehör schenken. Doch wie dieser Notar möchte ich Ihnen zum Ende dieses Kapitels sagen: „Der größte Schatz, den Sie finden können und der für Sie schon bereitliegt, ist die Liebe Gottes."

Wir leben in einer Welt, in der viele Menschen Masken tragen, ob im Beruf, in der Kirche oder wo auch immer. Doch merken Sie sich: Wenn Sie eine Maske tragen, sind Sie nicht Sie selbst und die Menschen lieben nur das, was Sie vorgeben zu sein. Eine solche Form von Liebe wird Sie jedoch nicht erfüllen und glücklich machen. In diesem Kapitel habe ich Ihnen versucht zu zeigen, dass Sie vor Gott keine Masken tragen müssen und sich seine Anerkennung und Liebe auch nicht verdienen müssen. Er liebt Sie so wie Sie sind. Weisen Sie darum diese kostbare Liebe nicht leichtfertig zurück, sondern lassen Sie sich stattdessen von ihr beschenken und erfüllen.

Da lobte ihn der Herr: „Du warst tüchtig und zuverlässig. In kleinen Dingen bist du treu gewesen, darum werde ich dir größere Aufgaben anvertrauen. Ich lade dich zu meinem Fest ein!“

Matthäus 25,23

# 6

# Ein Held im Verborgenen

Wissen Sie, wer im Reich Gottes ein Held ist? Es ist ein liebevoller, guter Mensch, der sich freiwillig für Gottes Sache einsetzt und täglich aktiv ist, auch wenn ihn niemand dabei beobachtet. Und genau darum geht es mir in diesem Kapitel: Ich möchte erklären, was es bedeutet, Gutes im Verborgenen zu tun, das heißt ohne dass man dafür bezahlt wird, es an die große Glocke hängt, auf Twitter oder Facebook postet oder dass einem dabei auf die Schulter geklopft wird. Jedem, der im Verborgenen ein gutes Werk tut, sage ich: „Sie sind Gottes Held! Er hat Sie ausgewählt, um die Welt besser zu machen." Denn eigentlich sollte unsere Welt so aussehen: Menschen, die im Verborgenen Gutes tun, Gott dienen ohne groß Aufhebens zu machen, ihre Mitmenschen lieben und stets das Gute erstreben.

Ich habe einmal mit Mitstudenten einen Missionseinsatz in Russland unternommen, wo wir Waisenkindern halfen, sie unterrichteten und begleiteten. Zusammen mit zwei Leitern des Missionsprojektes war ich in einer Art Scheune untergebracht. Als wir es uns nach einem langen, anstrengenden Tag in unseren Betten gemütlich gemacht hatten und schliefen, stürmte ein anderer Leiter ungefähr um drei Uhr nachts in die Scheune: „Kommt mit nach draußen!" Wir fielen fast aus den Betten vor Schreck und folgten ihm. Draußen war es noch warm, denn es war Sommer. Der Leiter ergriff das Wort: „Ich habe eine Prophetie für euch drei." Ich war sprachlos. In unse-

> *Gott hat Sie ausgewählt, um die Welt besser zu machen.*

rer reformierten Kirche kenne ich zwar den Katechismus[10], aber es taucht keiner auf, der plötzlich zu einem sagt: „Gott will, dass ich dir dieses oder jenes erzähle." Aber das war ehrlich gesagt auch ein Christ aus der charismatischen Bewegung. Er stellte sich vor den Ersten von uns hin und sagte: „Gott wird dich gebrauchen, um zu Millionen von Menschen zu sprechen." Millionen! „Und du wirst Bücher schreiben und Leben verändern. Deine Arbeit wird eine enorme Auswirkung in Gottes Königreich haben." „Das hörte sich gar nicht so übel an", dachte ich. Dem zweiten Studenten sagte er: „Gott will, dass ich dir sage, dass du sehr große Unternehmen gründen und einige Millionen Dollar an Wohltätigkeitswerke spenden wirst. Du wirst Hilfsorganisationen gründen und dein Name wird überall bekannt sein. Du wirst ein Weltverbesserer werden." „Wow", dachte ich. „Das ist auch nicht schlecht." Dann kam er zu mir. „In Ordnung, dann mal los", dachte ich. Ich war gespannt, was auf dem Zettel meines „Glückskekses" stand. Schließlich sagte er: „Bobby, du wirst ein Mann mit Charakter sein." Dann sagte er, dass wir wieder schlafen könnten. „Warte mal kurz", versuchte ich noch nachzuhaken. „Sonst hat Gott dir nichts gesagt?" Tja, aber das war schon alles gewesen.

*Die Welt braucht Männer und Frauen mit Charakter; Menschen, denen es nichts ausmacht, was andere von ihnen halten oder wie es um ihre Reputation steht.*

Bobby

Ein Mann mit Charakter. Ich habe es nie vergessen und habe immer danach gestrebt, ein solcher Mann zu sein. Wenn wir während der Weltwirtschaftskrise der vergangenen Jahre eines gelernt haben sollten, ist es wohl das, dass der Charakter das Allerwichtigste ist. Die Welt braucht Männer und Frauen mit Charakter; Menschen, denen es nichts ausmacht, was andere von ihnen halten oder wie es um ihre Reputation steht. Wie nötig sind Menschen des Charakters, die für ihre

[10] Handbuch mit Unterweisungen in den Grundfragen des christlichen Glaubens.

Überzeugungen einstehen und ihre Integrität wahren. Das verleiht auch christlichen Denominationen Beständigkeit und Kraft. Charakter – und das nicht nur bei Führungskräften, sondern bei allen Mitarbeitern in einer Organisation oder in einem Unternehmen. Was zählt sind Menschen, die ihre Mitmenschen und das Gute lieben; denen es wichtiger ist, wie und was Gott über sie denkt, anstatt sich ständig nach der Meinung anderer zu richten.

Ich denke, tief in uns Menschen gibt es ein starkes Bedürfnis, für gut befunden zu werden. Wenn ich Ihnen sagen würde, dass ich Sie nicht für einen besonders *glücklichen* Menschen halte, würden Sie vielleicht nur müde mit den Achseln zucken und es würde Ihnen wohl nicht sonderlich viel ausmachen. Doch wenn ich sagen würde: „Sie sind kein *guter* Mensch“, würde Sie das sicher hart treffen, nicht wahr? Dies trifft uns bis ins Mark hinein – vor allem, wenn es auch noch der Wahrheit entspricht, denn tief in unserem Innern hat jeder von uns das Bedürfnis, gut zu sein und Gutes zu tun. Wer kein guter Mensch ist, ist gezwungen, sich selbst etwas vorzumachen und sich zumindest einzureden, dass dem nicht so ist. Ansonsten zerbricht man daran. Selbst die schlechtesten Menschen auf der Welt halten sich mehr oder weniger für gute Menschen. Wenn sie einsehen und zugeben würden, dass ihr Verhalten schlecht ist, würden sie wohl durchdrehen. Also müssen sie sich selbst etwas vormachen und sich einreden, dass sie im Grunde genommen trotzdem noch gute Menschen wären. Im Großen und Ganzen hat jeder Mensch irgendwie das Bedürfnis, gut zu sein. Das ist auch von Gott so gewollt und er fordert uns auch dazu auf.

Tragischerweise leben wir mittlerweile in einer Welt, die das Gute leider nicht immer sonderlich unterstützt und befürwortet. Vielleicht schwelge ich ja etwas zu sehr in den vergangenen Zeiten, aber ich meine, dass es doch einmal anders war. Damals wurden Menschen noch, die sich selbst oder etwas Bestimmtes opferten, um anderen zu helfen, die sich ganz und gar einer guten Sache widmeten, als Helden angesehen. Doch heutzutage liegt der Fokus weniger auf dem Charakter als vielmehr auf der eigenen Reputation. Aber Gott möchte, dass wir Menschen sind, denen das Gute am Herzen liegt. Nur haben wir heute das Problem, dass das Gute ständig infrage gestellt und relativiert wird. Manchmal sind es sogar Christen, die scheinbar etwas dagegen haben, wenn man Menschen zu guten Werken auffordert. Wenn ich davon spreche, als Christ ein guter Mensch zu sein, dann muss ich mir mitunter anhören, wie manche einwenden: „Dadurch kommt man aber nicht in den Himmel. Man kann sich die Errettung schließlich nicht verdienen." Doch damit bin ich ja vollkommen einverstanden. Man kann sich die Errettung auch nicht verdienen. Doch die Bibel fordert uns sehr wohl dazu auf, gute, liebevolle und anständige Menschen zu sein. Jesus sprach schließlich davon, dass es einen breiten und einen schmalen Weg gibt. Wer seine Gebote befolgt und sie andere lehrt, wird in den Augen Gottes groß sein. Und wer seinen Worten gehorcht, baut sein Haus auf einen Felsen. Und Jesus gebot sogar seinen Nachfolgern, es überall in der Welt zu sagen und alle zu lehren, was er ihnen aufgetragen hat. Jesus fordert uns dazu auf, eine andere Art Mensch zu werden.

Ich denke hierbei an liebevolle, friedfertige, geduldige und fröhliche Menschen. Das ist die Art von Mensch, die Gott vor Augen hat. Gott möchte die Früchte des Glaubens sehen und keine leeren religiösen Glaubensbekenntnisse. Gott fordert uns zu einer grundlegenden Veränderung auf. Er will, dass sich unser ganzes Wesen ändert und wir neue Menschen werden.

Ein bekannter Spruch lautet: „Folge deinem Herzen!" Das ist im Grunde der Bibel entlehnt. Dort wird dieses Bild zuerst verwendet. Wir verstehen heute darunter, dass man seinem Verlangen oder seinen Gefühlen folgen sollte. Doch die Bibel meint mit „Herz" nicht unser Bauchgefühl. Wenn die Bibel vom Herzen spricht, meint sie vor allem den Willen eines Menschen und sein Vermögen, sich zu entscheiden. Bei diesem Begriff geht es darum, was für eine Art Mensch man ist, ungeachtet aller Gefühle.

Gott möchte, dass wir neue Menschen mit einem völlig veränderten Sinn werden und uns von anderen Menschen unterscheiden. Sie und ich sollten jemand sein, dem man bedingungslos vertrauen kann und der auch dann Gutes tut, wenn gerade niemand zuschaut. Die Welt, in der wir leben, sagt uns, dass wir uns nach unseren Gefühlen richten und dementsprechend unsere Entscheidungen treffen sollen. Natürlich spielen auch unsere Gefühle bei unseren Entscheidungen eine große Rolle. Allerdings sollten sie unsere Entscheidung nicht im Vorfeld bestimmen, sondern dieser folgen. Wir fühlen uns gut, weil wir uns dazu entschieden haben, das Gute zu tun. Und das Beste wäre eine Welt, in der die Menschen das Gute tun, wenn niemand zuschaut –, und zwar in der Stille und im Verborgenen.

*Gott möchte, dass wir neue Menschen mit einem völlig veränderten Sinn werden und uns von anderen Menschen unterscheiden.*

Ich sage Ihnen sicher nichts Neues, wenn ich behaupte, dass wir Menschen oft sehr von der Anerkennung anderer Menschen abhängig sind. Sie bedeutet uns so viel, dass wir fast nicht ohne sie auskommen. Daher muss man auf der Arbeit immer adrett aussehen und sich an alle möglichen Regeln halten. Bei all dem verlieren wir jedoch leicht die Redlichkeit aus den Augen. Nicht der Charakter, sondern was Menschen von uns halten, wird zum bestimmenden Faktor. Ich bilde da leider keine Ausnahme und gestehe, dass auch ich noch zu oft die Anerkennung anderer suche. Ich möchte, dass Menschen ein bestimmtes Bild von mir haben. Wenn neunundneunzig Leute meine Predigt super finden, erinnere ich mich nur an jenen einzigen Mann, der sie schrecklich fand. Das will mir dann gar nicht mehr aus dem Kopf gehen und verfolgt mich sogar nachts noch. Oder denken Sie nur einmal an Kleidung, Mode und was wir anziehen. Wir wollen, dass Menschen uns faszinierend, gebildet oder schön finden.

Wenn es hingegen unser Bestreben ist, in aller Stille und im Verborgenen Gutes zu tun, spielt das alles für Sie gar keine große Rolle mehr! Das Schlimme an dem ganzen Streben nach Anerkennung ist, dass uns das Lob und die Anerkennung von Menschen wichtiger werden als das, wie Gott über uns denkt. Auf diese Weise machen wir uns zu ihren Sklaven und wir sind gezwungen, dem zu entsprechen, was Menschen von uns wollen, da sie uns sonst ihre Anerkennung verweigern.

Es gibt eine beeindruckende Geschichte über einen alten König, der keinen leiblichen Thronfolger hatte. Also ließ er drei vielversprechende junge Kandidaten zu sich kommen und sprach: „Einer von euch wird mein Nachfolger. Doch zuerst müsst ihr eine Prüfung ablegen!“ Dann händigte er jedem von ihnen einen Blumentopf mit etwas Erde aus. „Ich möchte“, sagte der König mit ernster Miene, „dass ihr ein Bäumchen züchtet. In dem Blumentopf steckt ein Orangenkern und in genau einem Jahr werde ich mir dann das Ergebnis ansehen.“ Der Jüngste von ihnen nahm sogleich seinen Topf an sich und studierte allerlei Bücher über das Züchten von Pflanzen. Er gab Dünger in den Topf mit dem Orangenkern, stellte den Topf in die Sonne und goss von Zeit zu Zeit Wasser hinein. Täglich beobachtete er aufmerksam seinen Blumentopf und brannte vor Ungeduld, den kleinen Keimling aufsprießen zu sehen. Nach ein paar Monaten fing er jedoch an, sich Sorgen zu machen. Es passierte nichts mehr. „Dann braucht es eben noch etwas mehr Dünger, Wasser und Sonne“, überlegte er. Doch selbst nach sechs Monaten war noch immer nichts zu sehen und auch nach neun Monaten noch nicht. Der junge Mann verzweifelte immer mehr, zumal der Zeitpunkt immer näher rückte, wo er wieder gemeinsam mit seinen beiden Konkurrenten vor den König treten und das Ergebnis präsentieren sollte. Als die drei Kandidaten schließlich wieder vor dem König erschienen, begutachtete dieser das Ergebnis. Er wandte sich dem ersten Kandidaten zu, dem Ältesten von ihnen. Aus dessen Topf wuchs ein schönes Bäumchen mit kleinen grünen Blättern und sah sehr gesund aus. „Gute

Arbeit", lobte ihn der König. Anschließend ging er zu dem zweiten Kandidaten. Dessen Bäumchen war sogar noch etwas größer und tatsächlich war schon eine kleine Orange zu sehen. „Das ist ja kaum zu glauben! Dein Baum bringt ja sogar schon die erste Frucht hervor. Das ist wirklich äußerst bemerkenswert!", rief der König voll Verzückung. Zuletzt trat er zum dritten jungen Kandidaten, dem Jüngsten, der schon beim bloßen Anblick des Königs zitterte und anfing zu schluchzen. Tränen liefen über dessen Gesicht. „Was ist denn los, mein Junge?", fragte ihn der König voller Mitgefühl. Da brach es aus diesem hervor: „Ich habe mir so große Mühe gegeben! Ich habe den Keimling gut gepflegt. Ich habe alles nur Erdenkliche unternommen, um ein gutes Wachstum zu ermöglichen. Doch sehen Sie selbst! Ich habe nach wie vor nur einen Blumentopf mit Erde." Die Mundwinkel des Königs verzogen sich zu einem Lächeln und mit gütigem Blick nickte er dem jungen Kandidaten zu und sprach: „Gut gemacht!" Dann wandte er sich an die beiden anderen und befahl ihnen streng: „Auf die Knie! Fallt nieder vor eurem zukünftigen König! Er war der Einzige, der wirklich ehrlich und aufrichtig war."

Wie Sie sich sicher schon denken können, enthielten die drei Blumentöpfe überhaupt keinen Orangenkern. Es ging dem König überhaupt nicht um Produktivität. Er wollte lediglich wissen, aus welchem Holz diese drei jungen Burschen geschnitzt waren. Er wollte herausfinden, wie sie im Verborgenen waren. Er wollte ihren Charakter testen und erfahren, was sie wirklich wollten und wie sie dachten.

Plato[11] stellte einmal die interessante Frage, ob man lieber ein guter Mensch sein möchte, der von allen für eine schlechte Person gehalten wird, oder ob man lieber ein schlechter Mensch sein will, den alle als eine gute Person ansehen. Vermutlich würden wir alle die gleiche Antwort geben, doch letztlich kommt es darauf an, was unsere Taten sagen. Welche Sprache

[11] Plato war ein griechischer Philosoph und Gelehrter sowie Schüler von Sokrates.

spricht Ihre Lebensweise? Wollen Sie lediglich den Anschein eines guten Menschen erwecken oder wollen Sie tatsächlich ein guter Mensch sein? Was ist Ihnen wichtiger – wie Sie im Verborgenen handeln oder wie Sie in der Öffentlichkeit dastehen? Gott geht es um das Verborgene. Er interessiert sich vor allem für Ihren Charakter und nicht für Ihren guten Ruf. Und glauben Sie mir: Gerade dann, wenn Sie Gott dienen und ihn von ganzem Herzen lieben, wird es Menschen geben, die Ihre Reputation zerstören und infrage stellen. Stellen Sie sich schon einmal darauf ein. Doch letztlich ist das egal, denn was Gott von Ihnen hält ist das Einzige, was zählt.

> *Was Gott von Ihnen hält, ist das Einzige, was zählt.*

Was ich nun sage, hört sich vielleicht etwas mystisch an, aber Gott lebt und wohnt im Verborgenen. Jesus erwähnt dies in der Bergpredigt: *„... und bete zu deinem Vater, der im Verborgenen ist“* (Matthäus 6,6; LÜ84). Der zugrundeliegende Gedanke hierbei ist, dass Gott, wenn Sie „im Verborgenen“ sind und niemand in Ihrer Nähe ist, Ihnen nahe ist. Viele Lieder handeln in dieser Weise vom Unsichtbaren und dem Verborgenen.

Sich im Verborgenen einzusetzen, ist keine leichte Sache. Vielleicht sind Sie ja jemand, der sich oft in dieser Art und Weise engagiert. „Ich mache viel“, sagen Sie. „Ich bin sehr wohltätig, freigiebig, helfe anderen, sorge für meine Mutter und für Obdachlose. Ich tue alles Mögliche, doch kaum einer nimmt auch nur Notiz davon, was ich alles tue. Ich kümmere mich auch täglich um meine Kinder. Das alles ist ziemlich strapaziös und geht auf Kosten von dem, was ich sonst eigentlich noch alles tun möchte. Meine Karriere zum Beispiel kann ich vergessen. Ich setze mich von Herzen für das Gute ein. Ich werde dafür nicht bezahlt. Auch bekomme ich schon lange kein Kompliment mehr. Am Anfang war das ganz anders, doch jetzt interessiert das scheinbar keinen mehr. Für viele bin ich einfach nur noch Luft.“ Doch ich sage Ihnen, dass Sie in solchen Augenblicken den größten Glanz verbreiten! Wenn Gott auch im Verborgenen ist, so ist er doch bei Ihnen. Mögen Menschen auch nicht immer sehen, was Sie tun, so spricht Gott zu Ihnen: „Gut so! Du bist tüchtig und zuverlässig!"

Alle Taten, die im Verborgenen geschehen, haben eine besondere Wirkung. Das gilt sowohl für die guten als auch die schlechten Taten. Nehmen wir zum Beispiel an, Sie lieben jemanden, der davon gar nichts weiß. Sie stellen sich vielleicht etwas ungeschickt dieser Person gegenüber an, sodass diese der Meinung ist, sie würden sie gar nicht mögen. So ist das ja auch in dem Film *Stolz und Vorurteil* bei Mr Darcy. Seine Liebe bleibt lange unbemerkt, bis Elizabeth, die Frau, die er liebt, endlich realisiert, dass er sie liebt. Vielleicht dauert es etwas, doch was im Verborgenen geschieht, lässt die Liebe in Kraft und Glanz hervorstrahlen. Das gilt natürlich auch im negativen Sinn. Wenn Sie zwar nach außen hin den guten Menschen mimen, doch im Verborgenen lügen und betrügen, schaden Sie sich selbst und sind nicht wahrhaftig, was eines Tages ans Licht kommen wird. Die Verborgenheit verstärkt in diesem Fall sogar noch das Böse.

Taten, die im Verborgenen geschehen, sind wie ein Samenkorn in einem Topf. Auch wenn nach außen hin nichts zu sehen ist, keimen sie und bringen mit der Zeit etwas hervor. Wenn Sie im Verborgenen schlechte Dinge tun, schlagen diese Wurzeln und Ihr Leben verläuft in die falsche Richtung. Doch wenn Sie Gutes tun, wovon niemand Notiz nimmt, bemerkt das Gott sehr wohl. Dieses kleine Samenkorn des Guten wird immer stärker in Ihnen heranwachsen und aufsprießen, auch wenn niemand Ihre guten Seiten, Ihre Freigiebigkeit, Ihre Liebe, Ihre Gebete oder Ihren Einsatz als Freiwilliger sieht. Eines Tages wird all das jedoch ans Licht kommen und für alle offenbar sein. Es kann gar nicht länger verborgen bleiben. Das ist unvermeidlich und gilt sowohl in Bezug auf das Gute wie auch auf das Böse. Auf Dauer kann keines von beiden für immer verborgen bleiben. Die Güte, die mit der Zeit zu einem Baum gewachsen ist und Frucht trägt, wird für alle sichtbar werden. Jesus verglich gute Werke mit einer Stadt auf einem Berg, die nicht verborgen bleiben kann, sondern im Dunkeln strahlen wird. Das ist genau das, wozu Gott uns beruft und auffordert.

Daher möchte ich gerade Ihnen, der Sie Gutes tun und ein Mensch mit Charakter sind, zum Ende dieses Kapitels ganz herzlich für Ihren Einsatz danken. Sie mögen weder reich noch berühmt sein und Sie mögen auch nicht gerade mit Komplimenten überhäuft werden, doch ich bin von Herzen dankbar für Menschen wie Sie. Und was noch weitaus wichtiger ist: Gott schätzt das, was Sie im Verborgenen für ihn tun, noch sehr viel mehr. Sie können sich sicher sein, dass Gott seine Hand auf Sie legt und Ihnen in diesem Moment zuspricht: „In meinen Augen bist du ein Held!"

# TEIL 2

## Ihr Leben zählt und ist von entscheidender Bedeutung!

Der Herr ist mein Hirte. Nichts wird mir fehlen. Er weidet mich auf saftigen Wiesen und führt mich zu frischen Quellen. Er gibt mir neue Kraft. Er leitet mich auf sicheren Wegen, weil er der gute Hirte ist. Und geht es auch durch dunkle Täler, fürchte ich mich nicht, denn du, Herr, bist bei mir. Du beschützt mich mit deinem Hirtenstab. Du lädst mich ein und deckst mir den Tisch vor den Augen meiner Feinde. Du begrüßt mich wie ein Hausherr seinen Gast und gibst mir mehr als genug. Deine Güte und Liebe werden mich begleiten mein Leben lang; in deinem Haus darf ich für immer bleiben.

PSALM 23,1-6

# 7

# Sie sind nie alleine

Psalm 23 ist zweifellos der bekannteste Abschnitt der Bibel. Das ist auch kein Wunder, denn er ist so etwas wie ein tiefer Blick in das Herz Davids. Dieser Psalm berührt uns innerlich und verändert uns.

David war ein erstaunlicher Mann. Ich habe seine Berufung zum König bereits im fünften Kapitel erwähnt und wenn Sie möchten, können Sie es ja noch einmal durchlesen und sich in Erinnerung rufen. Seine Berufungsgeschichte ist so bemerkenswert, dass ich es hier noch einmal erwähnen muss.

David war der Kleinste, der Jüngste und würde am wenigsten vom Erbe abbekommen. Er musste immer die unangenehmsten Arbeiten verrichten. Und ausgerechnet ihn hatte Gott als zukünftigen König im Auge. David war immer draußen auf dem freien Feld. Er hatte eine ganz besondere Verbindung zu den Tieren, die sich unter seiner Obhut befanden. „Das sind doch bloß Schafe", mag man vielleicht denken. „Sie sind gut wegen der Wolle und man kann sie essen, aber sonst?" Doch für David waren es gewissermaßen seine „Haustiere", mit denen ihn so etwas wie eine Freundschaft verband. Und oft befand er sich irgendwo tief in der Wildnis alleine bei seinen Schafen. Eines Tages dichtete er dann diesen Psalm und bringt darin zum Ausdruck: „Der Herr ist mein Hirte. Gott wacht auf dieselbe schützende Art und Weise über mir, wie ich auf meine Schafe achtgebe und sie gegen Löwen und Bären verteidige. So wie ich den ganzen Tag lang nach diesen Schafen suche, wenn sie sich verlaufen, genauso wird der Vater, wenn ich mich verlaufen habe, nicht aufgeben, bis er mich gefunden hat." David war jemand, der zwar viel alleine war, der aber doch nie ganz allein war. Genau darum geht es mir in diesem Kapitel.

Henri Nouwen sagte einmal, dass wir uns von der Einsamkeit hin zur Abgeschiedenheit bewegen sollten. Ich weiß noch genau, wie ich als Kind zum ersten Mal so etwas wie Einsamkeit erlebt habe. Jeder Tag hatte bei mir einen ganz speziellen Ablauf. Als ich klein war, hatte ich keinen Wecker. Den brauchte ich auch gar nicht, denn mein Wecker war die Kaffeemaschine meines Vaters! An jedem Morgen, noch bevor die Sonne aufging, gegen sechs oder halb sieben, hörte ich dieses laut mahlende Geräusch der Kaffeemühle: G-R-R-R-R-R-R-R-R. Ich stand fast senkrecht im Bett! Doch ich drehte mich noch einmal auf die andere Seite und vergrub meinen Kopf im Kopfkissen. Kurze Zeit später kam dann immer der zweite Durchlauf: G-R-R-R-R-R-R-R-R. Es war gerade so, als wenn sie mich partout nicht wieder einschlafen lassen wollte. So blieb mir gar nichts anderes übrig, als aufzustehen und die Treppe hinunter zu gehen. Mein Vater mochte es nicht, wenn man zu lange liegen blieb.

Mein Vater machte morgens immer diesen „Vogelfutter-Haferflocken-Brei". Ich hab keine Ahnung, wie man den tatsächlich nennt, aber es sah aus wie eine Art Brei mit Vogelfutter drin. Es war natürlich kein Vogelfutter, aber es schmeckte scheußlich. Jeden Morgen gab es diesen „Vogelfutter-Haferflocken-Brei". Danach ging ich wieder nach oben, machte mein Bett und ging zur Schule. Der nächste Tag verlief auf die gleiche Art und Weise: Ich wurde von der Kaffeemühle geweckt, ging nach unten, um meinen „Vogelfutter-Haferflocken-Brei" zu essen, machte mein Bett und ging zur Schule. Am darauffolgenden Tag dann wieder dasselbe – Tag für Tag ging das so.

Ich erinnere mich sehr gut daran, wie ich dann zum ersten Mal eine totale Verzweiflung spürte. Dabei war ich gar nicht alleine, sondern zu Hause. Mein Vater und meine Mutter waren da und meine Familie. Doch obwohl ich überhaupt nicht allein war, fühlte ich mich trotzdem so furchtbar allein. Mir war damals nicht wirklich bewusst, was es war und woher das rührte, aber inzwischen weiß ich, dass es Einsamkeit war. Es war eine heftige und verzweifelte Einsamkeit aufgrund der Eintönigkeit des Alltagslebens.

Nach Meinung des Philosophen Henry Thoreau leben erschreckend viele Menschen mit dieser „stillen Verzweiflung“, wie er es nannte. Wir tun jeden Tag in etwa das Gleiche. Es ändert sich kaum etwas. Die Folge ist dann eine innere Unruhe, ein klaffendes Loch, eine Frustration und große Einsamkeit. In uns entsteht mit der Zeit ein nagendes Gefühl der inneren Leere, das uns ständig heimsucht wie eine Seuche, gegen die es kein Heilmittel zu geben scheint. Wie ist das möglich, dass wir uns oft so furchtbar einsam fühlen, selbst wenn wir umgeben sind von zahlreichen Menschen, wie unseren Verwandten, Freunden und Bekannten? Wie kann es sein, dass man sich trotz einer schönen Kindheit und einer tollen Familie dennoch einsam fühlen kann?

*Wie ist das möglich, dass wir uns oft so furchtbar einsam fühlen, selbst wenn wir umgeben sind von zahlreichen Menschen, wie unseren Verwandten, Freunden und Bekannten?*

Hierfür gibt es folgende Gründe: Der erste Grund ist die Dunkelheit in dieser Welt. Es gibt echte Dunkelheit in der Welt. Schreckliche Dinge sind schon passiert und auch in der Zukunft werden immer wieder schreckliche Dinge geschehen: Wir verlieren geliebte Menschen oder jemandem, den wir sehr mögen, wird etwas Furchtbares angetan. Die Liste ließe sich beliebig fortführen. Immer dann wenn wieder so etwas geschieht, fühlt es sich wie ein Riss in unserem Inneren an. Man kann es weder verhindern noch etwas dagegen tun. All das macht uns noch einsamer. Das Leid, das wir erfahren haben, ist an sich schon schlimm genug, doch wie verzweifelt fühlt sich der Gedanke erst an, dass sich solches Leid vermutlich wiederholen wird? Die Dunkelheit, in der wir leben, führt zu Angst und Sorgen und hinterlässt inmitten unseres Leids eine große Einsamkeit in uns.

Ich will Ihnen allerdings Folgendes sagen: Mir ist aufgefallen, dass das Licht in der Dunkelheit immer am hellsten scheint. Haben Sie das auch schon bemerkt? Inmitten einer wahren Tragödie und eines großen Verlustes kommt oft gerade *dann* das Beste in einem Menschen zum Vorschein. Und es ist tatsächlich so: je größer die Finsternis, desto heller scheint das Licht! Soll das etwa bedeuten, dass die Dunkelheit etwas Gutes ist? Nein, natürlich nicht. Trotzdem haben wir die Hoffnung, dass eines Tages ein Licht so hell scheinen wird, dass es niemals wieder Dunkelheit geben wird! Außerdem dürfen wir sicher sein, dass Gott auch inmitten großen Unglücks nicht schweigt, sondern zu uns redet. Und was er uns in solch dunklen Zeiten zu sagen hat, ist etwas Gewaltiges und tut unserer Seele so wohl, dass wir spüren: Wir sind nicht allein! Wir dürfen wissen und absolut sicher sein, dass wir niemals alleine sind, weil Gott uns niemals im Stich lässt, sondern immer bei uns sein wird.

*Je größer die Finsternis, desto heller das Licht!*
Bobby

Ein zweiter Grund für unser Empfinden von Einsamkeit sind die ständigen Veränderungen in der Welt. Ich denke hierbei gar nicht besonders an Veränderungen zum Guten oder zum Schlechten, sondern es geht mir um die Tatsache an sich. Man muss sich ständig wieder neu an etwas gewöhnen. Die Kinder ziehen woanders hin und die Enkelkinder ebenfalls. Man selbst bekommt eine neue Arbeitsstelle. Die Stadt, in der man aufwuchs, sieht auf einmal ganz anders aus. Sie kennen das sicher auch aus Ihrem Leben. Alles ist ständig irgendwie der Veränderung unterworfen. Das verunsichert uns und macht uns Angst. Wie sollen wir uns nur all diesen Veränderungen immer anpassen können? Wir stecken mittendrin in all diesen Veränderungen und fragen uns, wie wir da Schritt halten können. Doch mal abgesehen davon, dass Veränderungen auch immer große Gelegenheiten und Chancen bieten, werden wir getröstet, denn Gott sagt uns: „Selbst wenn sich die ganze Welt ändert, verändere ich mich nicht! Inmitten all der Veränderungen dieser Welt, sollst du wissen, dass ich immer bei dir bin."

Der dritte und in meinen Augen der Hauptgrund für unsere Einsamkeit ist ein tiefes und großes Verlangen nach Gott. Wenn man das nicht erkennt, versteht man auch nicht den wahren Charakter der eigenen Einsamkeit und Verzweiflung. Im Herzen eines jeden Mannes und einer jeden Frau schlummert eine tiefe Sehnsucht nach Gott. Der Physiker Blaise Pascal[12] nannte dies „das gottförmige Loch". Es geht um ein inneres Vakuum, das nur von Gott selbst gefüllt werden kann. Leider sind sich nur wenig Menschen bewusst, dass dieses klaffende Loch in ihrer Seele das Bedürfnis nach Gott ist. Darum suchen sie an anderen Stellen, um diese innere Leere zu füllen. Schnell werden irgendwelche Menschen zu unseren persönlichen „Heilsbringern". Wir erwarten von ihnen, dass sie unsere tiefsten Sehnsüchte stillen. Und so stürzt man sich in eine aufregende Liebesbeziehung, eine neue Geschäftsbeziehung oder eine andere neue Freundschaft in der irrigen Annahme, dass man sich dann nicht länger einsam fühlen wird. „Dieser Mensch wird meine innere Leere bestimmt ausfüllen", denken wir. Doch das kann kein Mensch!

*Nicht nur von Menschen erwarten wir, dass sie unsere tiefsten Sehnsüchte stillen. Wir meinen auch, dass die Dinge dieser Welt uns innerlich ausfüllen können.*

Doch nicht nur von Menschen erwarten wir, dass sie unsere tiefsten Sehnsüchte stillen. Wir meinen auch, dass die Dinge dieser Welt uns innerlich irgendwie ausfüllen können: „Hätte ich doch nur einen Porsche 911 Turbo, *dann* ...!" „Wenn ich nur dieses oder jenes hätte, *dann* würde diese Leere bestimmt verschwinden!" Doch dem ist nicht so. Wir können alles Mögliche kaufen, eine neue Beziehung eingehen, eine neue Arbeitsstelle suchen oder ein neues Geschäftsprojekt anfangen – nirgends

[12] Blaise Pascal war ein französischer Mathematiker, Physiker und christlicher Philosoph.

finden wir wirklich Erfüllung. Diese kann uns einzig der Geist des lebendigen Gottes schenken, der uns erfüllen möchte und der für immer für uns da ist.

Der einzige Ausweg aus diesem einsamen, sehnsüchtigen Dasein besteht darin, Gott zu suchen und eine Beziehung mit ihm einzugehen. Wir müssen uns ihm ausliefern und sagen: „Herr, ich gehöre dir!“ Wir müssen unsere Sichtweise ändern und erkennen, dass Gott uns nie verlassen hat. Doch das gelingt uns nicht, wenn wir wie wild durch das Leben rasen. Wenn Sie mit 240 km/h über die Autobahn donnern, werden Sie kaum wahrnehmen können, woran Sie gerade vorbeirasen. Bei einem solchen Tempo kann man das Gesicht einer Person nicht erkennen. Man sieht es nur, wenn man anhält. Und wenn man anhält, kann man diese Person sogar berühren. So ist es auch im Leben: Wenn Sie durch dieses Leben hetzen und von einer Sache zur nächsten jagen, werden Sie nicht mitbekommen, dass Jesus dasteht und auf Sie wartet. Wenn Sie sich nach dieser tiefen Erfüllung sehnen, müssen Sie zuerst die Geschwindigkeit aus Ihrem Leben nehmen. Sie müssen anhalten, um Jesus erkennen zu können. Erst dann können Sie auf ihn zugehen, um von ihm berührt zu werden. Nur so werden Sie Heilung finden.

*Wenn Sie durch dieses Leben hetzen und von einer Sache zur nächsten jagen, werden Sie nicht mitbekommen, dass Jesus dasteht und auf Sie wartet.*

Bobby

Ich war einmal im Alter von 16 Jahren im Rahmen eines Hilfsprojekts in einem kleinen Dorf in Thailand. Nachdem wir einige Tage dort zugebracht hatten, fragten wir kurz vor der Abreise, ob wir noch für die Menschen dort beten könnten. „Natürlich könnt ihr das!“, lautete die Antwort. Also fragten wir die Dorfbewohner, wofür wir im Besonderen beten sollten. „Bitte betet für zwei Dinge“, sagte man uns. „Erstens hat die Mutter unseres Dorfes einen Tumor an ihrem Hals. Er ist so groß wie eine Limette und es gibt keinen Arzt in der Gegend. Zweitens hat es hier schon lange nicht mehr geregnet. Das ist ein großes Problem für uns, denn wir können keinen Reis anpflanzen." Wir stellten uns daraufhin im Kreis auf, hielten uns an den Händen und beteten fast eine Stunde lang. Ich fühlte mich dabei etwas seltsam, denn Gottes Nähe war deutlich spürbar und fast greifbar. Wir standen da und beteten die ganze Zeit – die Dorfbewohner auf Thailändisch und wir auf Englisch. Während dieser Gebetszeit fing der Himmel an, sich langsam zu verdunkeln. Und als wir die alte Frau anschauten, sahen wir, dass der Tumor verschwunden war! Sofort scharten sich alle um die Frau und machten Fotos. Niemand hatte es mitbekommen und es ereigneten sich keinerlei spektakulären Dinge, als sie geheilt wurde. Der Tumor war von einem auf den anderen Augenblick verschwunden. Als wir dann unsere Sachen ins Auto luden, spürte ich plötzlich einen Tropfen an meinem Ohr und kurz darauf fing es an, in Strömen zu regnen. Auf der Rückfahrt hielten wir noch kurz bei einer kleinen Schule an. Die dortigen Mönche und Lehrkräfte hatten irgendwie schon von unseren „magischen Kräften" gehört und fingen an, das ganze Hilfsteam anzubeten. Natürlich machten wir ihnen augenblicklich klar, dass dies alles nicht durch uns, sondern durch das Eingreifen und die Gegenwart Gottes geschehen war.

Gott war uns damals so nahe gekommen! Ich kann Ihnen nicht erklären, warum Gott in der einen Situation eingreift und ein Wunder tut, während in einer anderen Situation scheinbar nichts passiert. Ich habe keine wirkliche Erklärung dafür, warum die Dinge in dem einen Fall so laufen, wie wir uns das wünschen und in einem anderen Fall wiederum nicht. Eines aber kann ich Ihnen mit absoluter Gewissheit sagen: Gott ist in diesem Augenblick bei Ihnen! Er ist mit seiner ganzen Macht gegenwärtig. Er war stets bei Ihnen. Nie hat er Sie verlassen und er ist Ihnen gerade jetzt so nahe. Ich kann Ihnen gar nicht

*Eines kann ich Ihnen mit absoluter Gewissheit sagen: Gott ist in diesem Augenblick bei Ihnen!*

sagen, wie sehr ich davon überzeugt bin, dass Gott bei Ihnen ist. Es ist so, als habe er von Anfang an seinen Arm um Sie gelegt – vom Tag Ihrer Geburt an bis zu diesem Augenblick.

Einsamkeit ist eine Lüge. Es wird gelegentlich behauptet, dass Gott unsere Gebete ohnehin nicht hört und ihn unsere Gebete kalt lassen. Kein Wunder, dass man sich dann einsam fühlt! Andere sind der Ansicht, Gott warte nur förmlich darauf, dass wir einen Fehler machen, um uns dann bestrafen zu können. Überrascht es uns da noch, dass man sich einsam und verlassen fühlt? Nur stimmt das nicht überein mit dem Gott, dem wir dienen, auch nicht mit dem Bild, das sich manche von Gott und vom Guten Hirten aus Psalm 23 machen. Dort wird uns gesagt, dass Gott gerade jetzt und in diesem Augenblick bei uns ist. Nein, er hat uns nie im Stich gelassen und wird das auch nie tun.

Da ging Jesus auf seine Jünger zu und sprach: „Ich habe von Gott alle Macht im Himmel und auf der Erde erhalten. Geht hinaus in die ganze Welt, und ruft alle Menschen dazu auf, mir nachzufolgen! Tauft sie im Namen des Vaters, des Sohnes und des Heiligen Geistes! Lehrt sie, so zu leben, wie ich es euch aufgetragen habe. Ihr dürft sicher sein: Ich bin immer bei euch, bis das Ende dieser Welt gekommen ist!"

MATTHÄUS 28,18-20

# 8

## Gott ist Ihnen ganz nahe!

Im vorigen Kapitel ging es um das Alleinsein und die innere Einsamkeit. Ich möchte jetzt daran anknüpfen. Wenn Sie schon länger Christ sind, kennen Sie bestimmt den sogenannten „Missionsbefehl“ aus dem Matthäusevangelium[13]. Jesus richtete diese Worte an seine Jünger, nachdem er gestorben, begraben und von den Toten wiederauferstanden war. Kurz vor seiner Himmelfahrt besuchte er noch einmal seine Jünger und sprach zu ihnen. Normalerweise betrachten wir diese Worte als einen Aufruf Gottes, große Dinge zu tun. Das ist zugegebenermaßen ein wichtiger Punkt. Doch in diesem Kapitel möchte ich einen anderen Aspekt hervorheben.

Der allerletzte Satz, den Jesus seinen Jüngern sagt, ist: *„Ihr dürft sicher sein: Ich bin immer bei euch, bis das Ende dieser Welt gekommen ist.“* Warum will Jesus, dass wir uns ausgerechnet seiner Nähe gewiss sein sollen? Warum legt er dies seinen Jüngern ausdrücklich ans Herz, bevor sie sich auf den Weg machen? Sie sind im Begriff, in ein großes Abenteuer zu starten. Sie werden Kranke heilen, Menschen von den Toten auferwecken, Aufruhr verursachen und auf übernatürliche Weise in Sprachen reden, die sie nie gelernt haben. Bald werden die seltsamsten Dinge geschehen. Aber sie werden auch leiden. Sie werden geschlagen, verfolgt und von vielen Menschen gehasst werden. Auf der anderen Seite werden sie aber auch ein erfülltes, großartiges Leben führen.

Es ist unerlässlich, dass man diesen letzten Satz richtig versteht. Das ist die Voraussetzung dafür, die notwendige Kraft zu

---

[13] vgl. Matthäus 28,18-20.

empfangen, um den Missionsbefehl auch ausführen zu können. Deshalb möchte ich Sie daran erinnern, dass Gott immer bei Ihnen ist. Er mag Sie. Er steht Ihnen zur Seite. Er wacht über Sie. Ich bin mir bewusst, dass Sie dies vielleicht schon oft gehört haben und für Sie keine Neuigkeit mehr ist, aber es liegt mir am Herzen, dass diese Wahrheit auch vom Kopf ins Herz rutscht.

Der französische Mathematiker und christliche Philosoph Blaise Pascal hat einmal etwas Großartiges gesagt. Seiner Meinung nach leiden wir unser Leben lang an einer geistlichen Wunde, und zwar an der Stelle, wo wir uns von Gott losgerissen haben. Darum leiden wir so sehr in unserem Inneren. Es befindet sich ein Loch, ein Vakuum in unserer Seele. Der Einzige, der diese Leere exakt ausfüllen kann, ist Gott selber. Und so lange der Mensch ihn immer wieder ablehnt, wird dieses innere Loch nie ausgefüllt werden. Pascal beschreibt auch, wie der Mensch mit dieser Situation umgeht. Anfänglich ist sich der Mensch der wahren Natur dieser Leere nicht bewusst. Also versucht er ständig, sie mit allen möglichen Dingen zu füllen, weil er diese Leere spürt. Obwohl solche Dinge, wie Sport, Essen oder Beziehungen an sich gut sind, vergiften die Menschen ihr Leben damit, weil sie sie nur als Füllstoff gebrauchen. Ihre Seele wird dadurch nicht genährt. Weil eine Beziehung zu Gott das Allerwichtigste ist, bleibt diese Wunde so lange bestehen, bis wir begreifen und einsehen, dass Gott immer bei uns ist. Wir müssen verstehen, dass nur Gott in der Lage ist, dieses innere Loch zu füllen. Nichts und niemand außer Gott kann uns innerlich wirklich erfüllen. Und diese Erfüllung können wir nur erfahren, wenn wir nicht nur im Kopf, sondern vor allem auch tief in unserem Herzen dieses Wissen tragen, dass Gott bei uns ist.

> *Nichts und niemand außer Gott kann uns innerlich wirklich erfüllen.*

Ich möchte an dieser Stelle drei wichtige Gründe dafür anführen, warum wir – bewusst oder unbewusst – meinen, dass es Gott überhaupt nicht gibt oder dass er in diesem Augenblick weit entfernt ist und sich nicht sonderlich um uns kümmert. Selbst Christen fühlen sich oft alleine und von Gott verlassen, obwohl sie es in Wahrheit gar nicht sind. Warum sind wir Menschen aber dann der Meinung, dass Gott uns verlassen habe und uns nicht nahe wäre?

Der erste und wichtigste Grund ist, dass wir nicht glauben, dass Gott wirklich existiert. Natürlich hoffen wir das insgeheim oder stellen uns das zumindest vor. Aber viele sind in ihrem Herzen davon nicht überzeugt. Die Gewissheit, dass Gott existiert und uns nahe ist, ist nicht in ihrer Seele verankert. Ich bin allerdings der Meinung, dass die ganze Schöpfung geradezu ein Fingerzeig auf die Existenz Gottes ist. Auch wenn wir nicht auf jede unserer Fragen eine Antwort bekommen mögen, so macht die Schöpfung zumindest deutlich, dass es einen Schöpfer und damit einen Gott gibt.

*Die ganze Schöpfung ist ein Fingerzeig auf die Existenz Gottes.*

Denken Sie nur an die Art und Weise, wie eine Biene Nektar aus einer Blume saugt und ein perfektes Achteck baut für den Honig, den ich so gerne auf mein Croissant streiche. Das ist ein Wunder! Gott existiert. Oder denken Sie an einen Schmetterling. Anfangs ist er eine Raupe. Dann webt er einen Kokon und es dauert eine ganze Weile, ehe er wieder in Erscheinung tritt, und zwar als ein wunderschöner Schmetterling. Man könnte quasi sagen: Von einer Raupe bis zum Rembrandt! Es ist unglaublich, wie eine kleine Raupe zu einem solch schönen, fliegenden Schmetterling wird. Für mich persönlich spiegelt sich darin das Evangelium wider.

Doch es gibt noch ein weiteres Insekt, das mich noch mehr von der Existenz Gottes überzeugt sein lässt: die Spinne. Vielleicht hat das damit zu tun, dass es bei mir zu Hause viele Spinnen gibt. Ich habe einmal auf der Veranda gesehen, wie eine Spinne einen Faden in einer Ecke neben der Tür spann. Dann fuhr sie fort und baute ein perfektes Spinnennetz. Solch eine Spinne ist nur ein ganz winziges Tierchen. Sie hat nie Architektur studiert und es gab keinen Professor, der zu ihr sagte: „Schau mal, meine liebe junge Spinne. Ich zeige dir jetzt mal, wie das geht: Mit diesen Fäden konstruierst du ein Netz, um andere Insekten darin zu fangen." Es war auch nicht so, dass eine „Vaterspinne" zu ihr gesagt hätte: „Mein Vater hat Spinnweben gemacht. Ich mache Spinnweben. Und nun bist du dran." Eine Spinne weiß einfach, wie sie ein Netz machen muss. Wenn wir so etwas bewerkstelligen wollten, bräuchten wir dafür die besten Ingenieure und die teuersten Materialien. Es wäre ein gigantisches Unterfangen und würde vermutlich nicht einmal ansatzweise das gleiche Ergebnis liefern. Aber eine „ungebildete" Spinne beherrscht die perfekte Methode, um ein vollkommenes Bauwerk auszuführen. Egal welchen Aspekt der Schöpfung wir auch betrachten, es bringt uns an den Punkt, wo wir uns eingestehen müssen: Es kann gar nicht anders sein. Es muss einen Schöpfer geben!

Sie mögen vielleicht einwenden: „Aber warum macht Gott dann nicht mal vom Himmel her auf sich aufmerksam? Er könnte doch auf irgendeine spektakuläre Weise deutlich machen, dass es ihn gibt und dann wüsste alle Welt Bescheid. Dann wäre der Fall klar und jeder wäre absolut überzeugt, dass es Gott wirklich gibt." Doch ich sage Ihnen, dass Gott so etwas nicht tut, und zwar aus folgendem Grund: Liebe.

Der russische Schriftsteller Dostojewski bringt dies vortrefflich auf den Punkt. In „Der Großinquisitor", dem fünften Kapitel seines Romans „Die Brüder Karamasow", heißt es an einer Stelle: „Dass Gott sich nicht zeigt, kommt daher, weil er will, dass wir ihn aus freien Stücken wählen." Das bedeutet: Wenn Gott sich der ganzen Schöpfung offenbaren würde, gäbe es nichts mehr zu wählen. Doch nicht nur das. Fortan wäre man nicht mehr frei darin, einfach zu sündigen oder nicht, oder jemanden zu lieben oder zu beschenken. Niemand könnte Gott noch als liebenden Vater ansehen, sondern stattdessen nur noch als einen strengen Richter oder Polizisten. Ich möchte diesen Punkt einmal anhand meiner Liebe zu meiner Frau deutlich machen: Ich liebe meine Hannah heiß und innig. Doch wenn sie mir vor Angst zitternd einen Kuss gäbe, weil ich ihr gerade eine Pistole an den Kopf hielte, wäre das dann ein richtiger Kuss? Natürlich nicht! Doch wenn ich abends müde nach Hause komme und sie mir um den Hals fällt und mich küsst, dann ist das ein echter Kuss, weil sie sich freiwillig dafür entschieden hat. Verstehen Sie?

Nehmen wir einmal einen Einbrecher, der gerade auf frischer Tat ertappt wird, wie er ein Juweliergeschäft ausraubt. Wenn er dann auf einmal die Finger von den Schmucksachen lässt, nachdem er erwischt wurde, ist das noch lange kein Beweis dafür, dass er auch sein Leben und seine Einstellung geändert hat. Hat er sich wirklich geändert? Hat er sich schlagartig in einen anderen Menschen verwandelt? Sehr wahrscheinlich nicht. Und genau das ist Dostojewski zufolge der Grund dafür, warum Gott sich nicht zeigt. Man muss die freie Wahl und Entscheidung haben. Man muss durch den Glauben eine Beziehung mit Gott haben und nicht deshalb, weil Gott uns quasi die Pistole auf die Brust setzt. Gott will, dass wir ihn aus freien Stücken heraus lieben und nicht, weil wir von ihm dazu gezwungen werden. Darum sollten Sie von diesen Tatsachen ausgehen: Gott existiert. Gott hat Sie lieb. Und Gott hat Sie nicht verlassen, sondern ist Ihnen in diesem Augenblick ganz nahe.

Ein zweiter Grund, weshalb wir oft nicht erkennen, dass Gott uns nahe ist, ist die Vorstellung, dass Gott irgendwie böse und zornig auf uns wäre. Wir meinen, es würde uns Gott vermutlich näher bringen, wenn wir vom Schuldbewusstsein niedergedrückt und in immerwährender Trauer leben würden. Wir versuchen dann, gut zu sein und fromm zu leben. Wir singen sogar, dass er uns vergeben hat! Dennoch werden wir ständig von Schuldgefühlen geplagt.

Es gibt zweierlei Arten von Schmerz. Die eine Form von Schmerz will ich einmal „korrigierender Schmerz" nennen. Das ist ein Schmerz, der entsteht, wenn ich während eines Gespräches unbemerkt etwas Heißes berühre und reflexartig meine Hand zurückziehe. Das ist ein „positiver" Schmerz, denn er verhindert, dass ich mich noch schlimmer verbrenne. Es ist diese Art von korrigierendem Schmerz, den wir zum Beispiel verspüren, wenn wir im Begriff stehen, etwas zu tun, von dem wir genau wissen, dass es das Falsche ist und wir dann davon ablassen. Das ist im Grunde genommen ein positives Schuldgefühl.

Aber es gibt auch noch eine zweite Form von Schmerz: den „chronischen Schmerz". Dies ist ein tiefer, bleibender Schmerz. Vielleicht leiden auch Sie gerade unter einem solch chronischen Schmerz. Sie würden alles dafür geben, um diese Schmerzen loszuwerden. Auch die Ärzte sind verzweifelt darum bemüht, etwas gegen diese Schmerzen zu tun. Warum? Weil chronische Schmerzen lähmend wirken. Man ist nicht mehr in der Lage, irgendetwas zu tun. Und ich sage Ihnen, dass dies bei chronischen Schuldgefühlen ganz genauso ist! Wir tragen diese Schmerzen ständig mit uns herum und können sie nicht abschütteln. Wir denken: „Gott ist sicher böse auf mich und hat sich von mir abgewendet."

Die Frage ist jedoch, wer überhaupt der Ankläger der Gläubigen ist. Gott ist es nicht! Die Bibel zeigt, dass der Ankläger der Gläubigen der Teufel ist (vgl. Offenbarung 12,10). Doch wer ist denn unser Anwalt? Das ist Jesus! Er hat alles dafür getan, um dafür zu sorgen, dass ich freigesprochen werde. Er ist es, der jetzt für mich eintritt. Der Teufel unternimmt indessen alles, um mich zu beschuldigen. Im Gerichtssaal des Lebens ist es nicht Gott, der sagt: „Dieser Mann ist schuldig. Er ist ein Nichtsnutz. Er müsste sich schämen." Nein, es ist der Feind, der auf ihn zeigt und sagt: „Dieser verachtenswerte, wertlose Mann ist ein Sünder und somit schuldig!" Doch dann greift Jesus ein

*Der Feind beschuldigt uns und klagt uns an, aber Jesus ist derjenige, der unser Beistand ist und uns verteidigt.*

Bobby

und sagt: „Nein, er ist nicht schuldig. Er ist ein Kind Gottes. Ich trete für ihn ein und an seine Stelle." Sie sollten nie vergessen, dass nicht Gott Ihr Ankläger ist, sondern der Teufel. Der Feind beschuldigt uns und klagt uns an, aber Jesus ist derjenige, der unser Beistand ist und uns verteidigt: „Nein, er ist unschuldig. Er gehört zu mir."

Ich weiß noch, wie ich eines Tages, als ich noch zur Schule ging, einen Ausflug zum Strand machte. Meine Mutter gab mir ein schönes Handtuch mit und sagte: „Pass auf, dass du es nicht verlierst!" Ich gab ihr mein Versprechen und ging zum Strand. Dort hatte ich meinen Spaß. Doch auf dem Heimweg stellte ich zu meinem Entsetzen fest, dass ich das Handtuch vergessen hatte. Die Heimfahrt dauerte eine Stunde und die ganze Zeit über hatte ich einen chronischen Schmerz im Herzen. Was sollte ich meiner Mutter nur sagen? Das Ganze lag wie eine Zentnerlast schwer auf meinem Herzen. Als ich ein paar Stunden später schließlich nach Hause kam, nahm sie mich in die Arme und fragte mich, wie es denn gewesen sei. Ich fing fürchterlich an zu weinen. „Mama", schluchzte ich, „ich habe das Handtuch verloren!" „Jetzt beruhige dich doch erst einmal", sagte sie, während sie mich fest an sich drückte und mir auf den Rücken klopfte. „Schon gut, du hast es doch nicht mit Absicht getan." Genau auf die gleiche Weise geht Gottes Geist mit uns um, wenn uns Schuldgefühle plagen und niederdrücken.

Der dritte Grund dafür, warum Gott uns so weit entfernt erscheint, ist die falsche Annahme, dass Gott nicht an uns interessiert sei. Der Gedanke, dass Gott ausgerechnet mich mögen und sich um mich kümmern sollte, wo es doch sieben Milliarden Menschen auf dieser Welt gibt, ist verständlich. Ich habe Ihnen jedoch bereits im ersten Kapitel gezeigt, wie falsch es ist zu meinen, dass man unter all den vielen Menschen nur dann von Bedeutung ist, wenn man berühmt ist, ein riesiges Unternehmen auf die Beine gestellt oder vielleicht ein Medikament gegen Krebs entdeckt hat. „Ich kann genauso gut die Tür zusperren und zu Hause bleiben", denken Sie vielleicht. „Es macht ja doch keinen Unterschied. Mein kleines Leben hat keinerlei Bedeutung." Doch wie ich Ihnen im nächsten Kapitel zeigen werde, hat die Art und Weise, wie wir unser Leben führen, Auswirkungen auf Generationen von Menschen. Ich sage Ihnen ganz offen: Sie haben nicht das Recht, deprimiert zu sein und darüber zu klagen, wie unbedeutend Sie sind und über das, was Sie tun. Sie haben nicht das Recht, darüber zornig oder traurig zu sein. Sie haben auch nicht das Recht, zu Hause herumzusitzen und nichts zu tun! Jeder Mensch ist von enormer Bedeutung für die gesamte Menschheit, weil wir – wie ich Ihnen bereits gezeigt habe – auf die eine oder andere Art und Weise alle miteinander verbunden sind. Auch deshalb mag Gott jeden Menschen persönlich und er möchte von Ihnen, dass Sie genau der Mensch sind, den er sich gedacht hat. Und ich bin mir sicher, dass Sie das auch können. Glauben Sie mir.

*Glauben Sie mir, Ihr Leben zählt!*

Bobby

Nein, Gott hat Sie nie verlassen. Er existiert. Er ist Ihnen ganz nahe, und er ist Ihnen nicht böse. Glauben Sie mir, Ihr Leben zählt!

Wir beurteilen auch niemanden mehr nach rein menschlichen Maßstäben. Selbst wenn wir Christus früher danach beurteilt haben, so gelten diese Maßstäbe jetzt nicht mehr. Gehört jemand zu Christus, dann ist er ein neuer Mensch. Was vorher war, ist vergangen, etwas Neues hat begonnen. All dies verdanken wir Gott, der durch Christus mit uns Frieden geschlossen hat. Er hat uns beauftragt, diese Botschaft überall zu verkünden. Denn Gott ist durch Christus selbst in diese Welt gekommen und hat Frieden mit ihr geschlossen, indem er den Menschen ihre Sünden nicht länger anrechnet. Gott hat uns dazu bestimmt, diese Botschaft der Versöhnung in der ganzen Welt zu verbreiten. Als Botschafter Christi fordern wir euch deshalb im Namen Gottes auf: Lasst euch mit Gott versöhnen! Wir bitten euch darum im Auftrag Christi. Denn Gott hat Christus, der ohne jede Sünde war, mit all unserer Schuld beladen und verurteilt, damit wir freigesprochen sind und Menschen werden, die Gott gefallen.

2. Korinther 5,16-21

# 9

## Das spirituelle Leben

Die hebräische Sprache – weder das alte Aramäisch noch das moderne Iwrit – kennt ein bestimmtes Wort für „spirituell" oder „geistlich". Es gibt ein Wort für „Geist" und auch entsprechende Worte für „Glaube", „Hoffnung", „Gebet", „Verehrung", „Tempel" und „Opfer". Doch während für uns all diese Worte unter die Kategorie „spirituell" oder „geistlich" fallen, gibt es im Hebräischen keine solche Kategorie, weil das hebräische Denken grundsätzlich spirituell geprägt ist. Wir hingegen unterscheiden und bezeichnen etwas als „geistlich" oder als „profan". Wir sprechen zum Beispiel von „geistlicher Musik". Unserem Denken zufolge gibt es Dinge, die spiritueller Natur sind und solche, die es nicht sind. Doch im hebräischen Denken ist alles geistlich-spirituell. Daher bedarf es hier auch keines speziellen Wortes für eine derartige Unterscheidung.

In unserer westlichen Welt würden wir jedoch manche Dinge als besonders spirituell bezeichnen. Das Gebet ist nach unserem Verständnis etwas Spirituelles. Aber unsere Arbeit ist in unseren Augen nichts Spirituelles. Wenn ich jemandem helfe, wäre dies eine bedeutsame spirituelle Handlung. Doch im Stau zu stehen klingt für uns nicht besonders geistlich. In unserem Denken existiert keine Verbindung zwischen dem, was wir als spirituell bezeichnen, und dem, was in unseren Augen nicht besonders geistlich ist.

Das trifft jedoch nicht auf die Verfasser der biblischen Bücher zu. Es entspricht auch nicht der Sichtweise Jesu für seine Jünger. Für Jesus hat alles, was ein Mensch tut, einen geistlich-spirituellen Wert. Auch wenn wir dem Trott unserer alltäglichen Routine keinen besonders geistlichen Wert beimessen mögen, hat nichtsdestotrotz alles davon eine spirituelle Auswirkung auf die Welt um uns her. Wenn wir das auch nur für einen einzigen Augenblick lang aus dem Blick verlieren, macht sich in unserem Leben eine innere Leere breit. Ein solches Leben ist meiner Meinung nach bedeutungslos und hoffnungslos, weil nichts davon einen Wert für die Ewigkeit hat. Doch dem ist absolut nicht so! Ich sage Ihnen: Alles, einfach alles hat eine spirituelle Bedeutung und Dimension.

Die Leitverse zu diesem Kapitel aus dem 2. Korintherbrief schrieb Paulus an die dort lebenden Christen. Dieses Korinth ist jedoch nicht mehr das des antiken Griechenlands. Im alten Griechenland war Korinth eine aristokratische Fürstenstadt. Doch als die Römer die Stadt eroberten, brannten sie diese vollständig nieder und bauten auf den Ruinen und Gräbern eine neue Stadt, in der es keine Aristokratie mehr gab. Es gab keine Könige oder Fürsten mehr und auch kein „blaues Blut". Von nun an konnte jeder, der nach Korinth kam, ein neues Leben beginnen. Darum entstand bald ein Konkurrenzdenken unter den neuen Einwohnern. Man lebte nach dem Motto: „Je reicher ich bin, je besser ich mich kleide und je erfolgreicher ich bin, desto besser bin ich."

Paulus schreibt seinen Brief an die Christen in Korinth, die im gleichen Denkmuster gefangen waren. Obwohl sie sich von den anderen hätten unterscheiden sollen, waren sie selber in diesen finsteren Sog geraten. Sie waren zu Sklaven geworden. Sie mussten immer etwas aufweisen, gut aussehen, reich und berühmt sein. Doch Paulus schreibt ihnen: „Ihr Christen solltet anders sein. Ihr solltet ein helles Licht in der Dunkelheit sein. Euer Leben, eure Arbeit, euer Charakter, eure Art zu handeln und eure Art und Weise, wie ihr mit anderen umgeht, müssen anders werden." Im 2. Korintherbrief, Kapitel 5, Vers 16 lesen wir: *„Wir beurteilen auch niemanden mehr nach rein menschlichen Maßstäben."*

Dieser korinthischen Kirchengemeinde, die in einer sehr wetteifernden und weltlichen Stadt lebt, diesen Christen, die sich so wie alle anderen verhalten, schreibt Paulus: „Ihr müsst anders sein! Euer Leben, euer Beruf, euer Charakter, wie ihr euch verhaltet und wie ihr die Menschen behandelt, muss anders sein!"

Uns muss klar sein, dass Gottes Botschaft dieser Welt nicht dadurch verkündigt wird, dass sich ganz plötzlich der Himmel auftut, Posaunen erschallen und Engel erscheinen. Sie wird vielmehr durch unser Leben, durch die Art und Weise, wie wir handeln und wie wir mit anderen umgehen kommuniziert. Deshalb nennt Paulus die Christen in Korinth auch „Botschafter Jesu". Christen sind Botschafter des Himmels und Botschafter der Lebensweise Jesu.

*Christen sind Botschafter des Himmels und Botschafter der Lebensweise Jesu.*

Ein Botschafter ist mit Macht ausgestattet. In den Tagen Jesu sprach ein Botschafter im Namen des Königs. Ein Botschafter konnte den Krieg erklären oder Frieden schließen! Alles, was ein Botschafter tat, entsprach den Wünschen des Königs. Er wusste, was im Königreich vor sich ging, was für Pläne es gab und was als Nächstes dran war. Seine Aufgabe bestand darin, den König zu repräsentieren, und zwar überall wohin er kam. Paulus sagt also den Christen in Korinth: „Ihr repräsentiert Jesus."

Als junger Pastor wurde mir einmal klar, was der Hauptgrund dafür ist, dass viele Menschen keine Christen werden wollen: Weil sich das Leben eines Christen in der Praxis anscheinend nicht sonderlich unterscheidet von dem anderer Leute. „Warum sollte ich", so argumentieren sie, „sonntags früh aufstehen, um in der Kirche ein paar Lieder zu singen, wo doch mein Leben nicht viel anders ist als das der Christen in meinem Umfeld?"

Doch ich sage Ihnen: Wenn wir, die wir an Jesus glauben, damit ernst machen würden, Botschafter Gottes zu sein, würde das alles verändern! Angenommen jemand wollte Jesus nicht nachfolgen, weil diese Person keinen Unterschied zwischen seinem eigenen Leben und dem eines Christen sieht. Doch stellen Sie sich jetzt vor, wie dann ein Christ auf diesen Menschen zugeht, ihn ermutigt und ihn mit den Worten umarmt: „Ich wollte nur, dass du weißt, wie gern ich dich habe. Ich hoffe, du hast heute einen tollen Tag." Wäre das für einen solchen Menschen nicht wie ein heller Lichtstrahl inmitten der Dunkelheit dieser Welt? Sein Argument, Christen wären im Grunde genommen auch nicht anders als die anderen, könnte bei näherer Betrachtung nicht mehr standhalten.

> *Wenn wir, die wir an Jesus glauben, damit ernst machen würden, Botschafter Gottes zu sein, würde das alles verändern!*
>
> Bobby

Wir sollten in dem ständigen Bewusstsein leben, dass Gott mit uns und unserem Leben einen ganz bestimmten Plan verfolgt. In Ihrem Leben gibt es Menschen, denen Sie täglich begegnen und die nur durch Sie erreicht werden können, und zwar nur auf Ihre ganz besondere Art und Weise. Wenn Sie kein Beispiel sind für die Freude, die aus dem positiven christlichen Leben und der Einstellung mit all den damit verbundenen Möglichkeiten herrührt, werden einige dieser Menschen nie das Licht sehen.

> *Wir sollten in dem ständigen Bewusstsein leben, dass Gott mit uns einen bestimmten Plan verfolgt.*
>
> Bobby

Es sind gerade die kleinen Dinge in unserem Leben, die einen großen Einfluss haben. Gott hat Sie auserwählt, sein Licht zu sein. In der Bibel sagt Jesus seinen Jüngern: „Ihr seid das Licht der Welt." Gewöhnlich bezeichnen wir Jesus als Licht der Welt. Das stimmt natürlich. Doch in der Bergpredigt sagt Jesus ausdrücklich: *„Ihr seid das Licht, das die Welt erhellt. Eine Stadt, die hoch auf dem Berg liegt, kann nicht verborgen bleiben. Man zündet ja auch keine Öllampe an und stellt sie unter einen Eimer. Im Gegenteil: Man* *stellt sie so auf, dass sie allen im Haus Licht gibt. Genauso soll euer Licht vor allen Menschen leuchten. Sie werden eure guten Taten sehen und euren Vater im Himmel dafür loben"* (Matthäus 5,14-16).

Der Hauptgrund, weshalb sich so viele Menschen bedeutungslos fühlen, besteht in der falschen Annahme, man würde sein Leben losgelöst von dem Leben anderer führen. Doch das stimmt nicht. Ihr Leben und mein Leben sind eng miteinander verbunden. Das gilt auch für Ihre Beziehung zu Ihren Nachbarn oder Arbeitskollegen. Nachdem Sie dieses Buch zur Seite gelegt haben, werden Ihre Handlungen, Ihr Leben und Ihre Gebete in der einen oder anderen Form auch mein Leben berühren. Genauso werden meine Handlungen einen spirituellen Einfluss auf Sie haben, selbst wenn ich mich auf einer einsamen Insel befinden würde.

Man spricht hier vom sogenannten „Schmetterlingseffekt", einem Phänomen, von dem Sie bestimmt schon einmal gehört haben. Man kann dies zum Beispiel im Matthäusevangelium, Kapitel 8, sehen, wo ein Hauptmann der römischen Armee zu Jesus kommt und sagt: *„Herr, heile meinen Diener! Er liegt gelähmt im Bett und leidet entsetzlich." „Ich will mitkommen und ihn heilen"*, sagt Jesus. Was der Kommandant daraufhin antwortet, ist bemerkenswert. Er gibt Jesus zu verstehen, dass er gar nicht zu kommen braucht. *„... ich erteile selbst Befehle an meine Soldaten. Wenn ich zu einem sage: ‚Geh!', dann geht er. Befehle ich einem anderen: ‚Komm!', dann kommt er. Und wenn ich zu meinem Diener sage: ‚Tu dies!', dann führt er meinen Auftrag aus."* Damit sagt er im Grunde genommen: „Ich habe erkannt, dass du über eine spirituelle Macht verfügst. Ich verstehe es zwar nicht ganz, doch ich bin davon überzeugt: *‚Sag nur ein einziges Wort, dann wird mein Diener gesund.'"* Daraufhin spricht Jesus: *„Eins ist sicher: Unter allen Juden in Israel bin ich keinem Menschen mit einem so festen Glauben begegnet ... Geh wieder nach Hause! Was du geglaubt hast, ist Wirklichkeit geworden."*

Die Heilung jenes Sklaven geschieht, ohne dass ihn Jesus berühren muss. Er muss ihn noch nicht einmal aufsuchen oder sehen. Jesus spricht diese Worte nur laut aus. Es scheint irgendeine geistliche Verbindung zwischen Jesus und dem kranken Sklaven zu bestehen, wodurch Letzterer Heilung erfährt. Jesus weiß, dass wir alle durch den Vater miteinander verbunden sind und durch den Glauben ist er imstande, einen Sklaven zu heilen, obwohl dieser kilometerweit entfernt ist.

Edward Lorenz, ein amerikanischer Mathematiker und Meteorologe, hat einmal diese bekannte Aussage über den „Schmetterlingseffekt“ und deren Auswirkung in Bezug auf das Wetter gemacht: „Wenn in Brasilien ein Schmetterling seine Flügel bewegt, kann das unter den richtigen Umständen in Texas einen Tornado hervorrufen.“ Diese Behauptung hat er wissenschaftlich untermauert. Dies alles fällt in das Gebiet der sogenannten „Chaosforschung“ bzw. „Chaostheorie“. Es geht darum, dass das kleinste und unscheinbarste Ereignis hier bei uns am anderen Ende der Welt gewaltige Veränderungen verursachen kann. Und trotzdem sind wir der Meinung, dass alles, was wir tun, unabhängig von allem anderen ist; dass es keine Rolle spielt, was wir tun und dass es unbedeutend ist? Unser Leben mag uns vielleicht klein und unbedeutend vorkommen, doch wir irren uns gewaltig, wenn wir der Meinung sind, dass das, was wir in unserem Leben tun, ohne jeglichen Einfluss oder irgendeine Auswirkung auf unsere Umwelt bleibt. Anstatt blind für die Realität zu sein, sollten wir die Augen öffnen und erkennen, dass alles, was wir tun, einen geistlich-spirituellen Effekt auf die ganze Welt hat! Genau das ist der Plan Gottes für Ihr Leben: Er möchte Ihr Leben dazu gebrauchen, um positiv Einfluss auf die Welt zu nehmen, in der wir leben. Nicht ohne Grund wird dieser Punkt

*Anstatt blind für die Realität zu sein, sollten wir die Augen öffnen und erkennen, dass alles, was wir tun, einen geistlich-spirituellen Effekt auf die ganze Welt hat!*

Bobby

daher von Pastoren und Predigern immer wieder so betont: Ihr Leben macht einen Unterschied! Menschen, die hiervon nicht überzeugt sind, tragen eher dazu bei, dass diese Welt immer dunkler wird als heller.

Ich muss in diesem Zusammenhang oft an meine Schwiegermutter denken. Sie ist eine echte Gebetskämpferin. Sie investiert enorm viel Zeit ins Gebet. Ich erinnere mich zum Beispiel noch daran, wie ich auf einmal Probleme mit meinem Ohr hatte. Ich hatte dauernd so ein Klingeln in meinem Ohr und es wurde immer schlimmer. Monatelang litt ich darunter und es beeinträchtigte mein Hörvermögen, da ich ständig dieses Klingeln hörte. Also ging ich zum Arzt und dieser eröffnete mir: „Sie leiden an chronischem Hörverlust. Sie hören im Vergleich zu früher nur noch zehn Prozent. Es sieht so aus, dass Sie bald gar nichts mehr hören können. Dann werden Sie ein Hörgerät brauchen." Ich konnte das nicht glauben. Diese Diagnose haute mich glatt um. Niedergeschlagen kehrte ich zu meiner Frau Hannah zurück und sagte: „Ich kann das alles nicht glauben. Warum nur? Was passiert da mit mir?" Ich war total geknickt. Außer mit meiner Frau sprach ich sonst mit niemandem darüber. Doch ohne dass ich es wusste, benachrichtigte Hannah ihre Mutter und bat diese Gebetskämpferin um Fürbitte. Hannahs Mutter fastete und betete den ganzen Tag dafür, dass ich geheilt würde. Am nächsten Morgen hörte ich wieder perfekt. Das Klingeln war verschwunden und eine erneute Untersuchung beim Arzt ergab, dass alles in Ordnung war und mein Gehör vollständig wiederhergestellt war!

Ich komme zu keinem anderen Schluss, als dass Hannahs Mutter, die über 3 000 Kilometer weit von uns entfernt wohnt, und ihre Gebete entscheidend Einfluss auf mein Leben gehabt haben. Wie war das möglich? Das weiß ich nicht. Aber ich weiß sehr wohl, dass ihr Einsatz an diesem Tag mein Leben dramatisch verändert hat. Ihr Leben in einer Kleinstadt in Oklahoma hatte eine dramatische Auswirkung auf mein Leben in der Großstadt Los Angeles. Was sie tat, veränderte mein Leben. Weil sie den festen Entschluss fasste, für mich zu beten, brauche ich jetzt kein Hörgerät! Wir sollten uns mehr und mehr bewusst werden, dass jeder Aspekt unseres Lebens in enger Beziehung und Verbindung zu allem anderen und den Menschen auf dieser Welt steht. Genauso hat es Gott vorgesehen.

Sehen wir es einmal so: Wenn ich Alkoholiker wäre, sähe das Leben meiner Kinder ganz anders aus. Auch das Leben meiner Enkelkinder, sollte ich jemals welche haben, wäre dann ganz anders. Aber das gilt natürlich genauso für den Fall, wenn ich kein Alkoholiker wäre. Wenn ich ein guter, sorgsamer, liebender und freundlicher Vater bin, werden meine Kinder wohl ganz andere Menschen werden und vermutlich dann auch meine Enkel und Urenkel.

Sie sehen also, dass die Art und Weise, wie wir unser Leben führen, Auswirkungen auf Generationen von Menschen hat. Und wie ich Ihnen bereits am Ende des vorigen Kapitels schon sagte: Sie haben nicht länger das Recht, deprimiert zu sein und darüber zu klagen, wie unbedeutend Sie sind und über das, was Sie tun. Sie haben nicht mehr das Recht, hierüber zornig oder traurig zu sein. Sie haben auch nicht länger das Recht, zu Hause herumzusitzen und nichts zu tun! Sie sind das Licht der Welt! Es ist Ihre Bestimmung, einen großen Einfluss auszuüben auf die Welt, in der Sie leben!

Sobald wir der Lüge glauben, jeder von uns säße gewissermaßen auf einer einsamen Insel und würde sein Leben völlig unabhängig von dem Leben anderer führen, wird diese Welt noch dunkler als sie ohnehin schon ist. Doch in dem Moment, wo Ihnen die Schuppen von den Augen fallen und Ihnen ein Licht aufgeht, verstehen Sie auf einmal, wie wichtig es ist zu lächeln, fröhlich und ein glücklicher Mensch zu sein. Dann wird Ihnen klar, warum es so entscheidend ist, für Kranke zu beten und für solche, die Schmerzen haben, für Ihre Angehörigen und sogar für Ihre Feinde. Sie begreifen auf einmal, was es ausmacht, stets nur das Beste in jedem zu sehen und selbst in den Menschen, die einem mit Hass begegnen.

Ich hoffe Sie erkennen jetzt, dass ein einziges Leben den Verlauf der ganzen Welt verändern kann. Ein einziges Leben kann alles verändern und einen Unterschied bewirken. Ein einziges Leben kann alles für immer und ewig verändern.

Dann sagte Jesus zu den Jüngern: „Stellt euch vor, einer von euch hat einen Freund. Mitten in der Nacht geht er zu ihm, klopft an die Tür und bittet ihn: ‚Leih mir doch bitte drei Brote. Ich habe unerwartet Besuch bekommen und nichts im Haus, was ich ihm anbieten könnte.' Vielleicht würde der Freund dann antworten: ‚Stör mich nicht! Ich habe die Tür schon abgeschlossen und liege im Bett. Außerdem könnten die Kinder in meinem Bett aufwachen. Ich kann jetzt nicht aufstehen und dir etwas geben.' Das eine ist sicher: Wenn er schon nicht aufstehen und dem Mann etwas geben will, weil er sein Freund ist, so wird er schließlich doch aus seinem Bett steigen und ihm alles Nötige geben, weil der andere so unverschämt ist und ihm einfach keine Ruhe lässt. Darum sage ich euch: Bittet Gott, und er wird euch geben! Sucht, und ihr werdet finden! Klopft an, und euch wird die Tür geöffnet! Denn wer bittet, der bekommt. Wer sucht, der findet. Und wer anklopft, dem wird geöffnet. Welcher Vater würde seinem Sohn denn eine Schlange geben, wenn er ihn um einen Fisch bittet, oder einen Skorpion, wenn er ein Ei haben möchte? Wenn schon ihr hartherzigen Menschen euren Kindern Gutes gebt, wie viel mehr wird der Vater im Himmel denen den Heiligen Geist schenken, die ihn darum bitten.

LUKAS 11,5-13

# 10

## Ihre Gebete bewirken eine Veränderung

Zu der Zeit und in der Kultur, in der Jesus lebte, war Gastfreundschaft außerordentlich wichtig. Gäste genossen ein hohes Ansehen. Wenn jemand vor der Tür stand, gehörte es sich, diesem Menschen mit Gastfreundschaft zu begegnen und ihn in sein Haus einzuladen. Gastfreundschaft genießt bis heute im Nahen Osten einen hohen Stellenwert.

Auch in unserem Textabschnitt geht es um Gastfreundschaft. Jesus erzählt eine Geschichte, in der ein Mann des Nachts zu Besuch kommt und seinen befreundeten Nachbarn um Brot bittet. Doch am Ende zeigt sich, dass er das Brot nicht aus Freundschaft erhält, sondern weil er mitten in der Nacht unaufhörlich an die Tür klopft. Was will uns Jesus mit dieser Geschichte sagen? Unmittelbar zuvor hatte Jesus seine Jünger das Vaterunser gelehrt und gesagt: *„So sollt ihr beten."* Und dann folgt diese Geschichte von dem Besucher, der seinem Nachbarn einfach keine Ruhe mehr lässt. Soll das etwa heißen, dass wir Gott ständig in den Ohren liegen sollen?

Zunächst einmal möchte ich betonen, dass nichts so schädlich für unser geistliches Leben ist wie der Gedanke, dass unsere Gebete nichts ausrichten. Nichts ist lähmender als die Überzeugung, dass sich Gott überhaupt nicht um diese Welt kümmert und sich gar nichts aus unseren Gebeten macht oder aus dem, was und wie wir denken. Der Gedanke, dass Gott auf

*Nichts ist lähmender als die Überzeugung, dass sich Gott überhaupt nicht um diese Welt kümmert und sich gar nichts aus unseren Gebeten macht oder aus dem, was und wie wir denken.*

unsere Gebete nicht reagieren würde und es ihm letztlich egal sei, was uns gerade beschäftigt, ist mehr als hinderlich.

Doch nichts könnte weiter von der Wahrheit entfernt sein! Tatsache ist, dass Gott *alles* von seinen Kindern erfahren will und überaus interessiert ist an dem, wie es uns persönlich ergeht. Wenn wir uns das vor Augen halten, wird das unser Gebetsleben beflügeln.

Als Jesus auf diese Erde kam, hatte er eine Botschaft. Es war eine sehr deutliche und klare Botschaft, die lautete: „Gottes neue Welt ist nahe“ oder „das Reich Gottes ist nahe“, wie es andere übersetzen (vgl. Lukas 21,31). Matthäus nennt es meist „das Reich der Himmel“. Hierzu muss man jedoch wissen, dass einen „das Reich Gottes“ oder „das Reich der Himmel“ der jüdischen Auffassung zufolge überall umgibt. Der Himmel ist demzufolge kein ferner Ort, an den man gelangt, wenn man stirbt, sondern umgibt uns unmittelbar. Wenn jemand von „den Himmeln“ sprach, dann deutete er dabei nicht nach oben, sondern er meinte etwas, das unmittelbar vor einem stand. „Das Reich Gottes“ bzw. „das Reich der Himmel“ ist überall um einen her. Es ist uns ganz nahe, berührt uns und wir atmen quasi dessen Luft. Es durchdringt geradewegs unsere sichtbare Welt.

Als Jesus verkündete, dass das Reich der Himmel nahe ist, sagte er im Grunde: „Von diesem Augenblick an ist das Reich der Himmel durch mich zugänglich. Wenn du nur Glauben hast, kann der Himmel noch heute in dein Leben treten.“ Von daher gesehen befindet man sich also gewissermaßen schon im Himmel, wenn man es glauben kann. Auf eine geheimnisvolle Art und Weise wird man vom Himmel durchdrungen von dem Augenblick an, in dem man an Jesus Christus zu glauben beginnt. Jesus sagt damit, dass das Reich der Himmel eine bestimmte Art zu leben ist. Man lebt im Licht. Man wird erfüllt. Gottes Anwesenheit und

> *„Wenn du nur Glauben hast, kann der Himmel noch heute in dein Leben treten.“*
>
> Bobby

Kraft umgibt einen – und das vierundzwanzig Stunden am Tag! Jesus sagt also: „Ich möchte, dass du Teil dieses Reiches wirst. Es ist hier und unmittelbar zugänglich. Du kannst schon in diesem Augenblick Anteil daran haben." Genau das liegt Gott am Herzen. Er möchte, dass wir in ständiger Gemeinschaft und Verbindung mit unserem Vater im Himmel leben.

Ich möchte Ihnen eine Frage stellen: Sehen Sie Gott mit den Augen eines Griechen oder mit denen eines Juden? Die heidnischen griechischen Philosophen hatten eine ganz bestimmte Vorstellung von Gott. Allen voran war es Plato, der Gott als einen vollkommenen Gott definierte, den die Schöpfung relativ unberührt lässt. Er beobachtet sie, doch ohne sich je zu regen, zu verändern oder in irgendeiner Form darauf zu reagieren. Er ist gefühllos und ihr gegenüber kalt wie Stein und unveränderlich.

Als ich mich einmal auf dem Weg nach Israel befand, saß ich am Flughafen und wartete. Schließlich sprach ich einen orthodoxen Rabbiner an.

„Sagen Sie", fragte ich, „wie verstehen orthodoxe Juden das eigentlich mit Gottes Vorsehung? Ist *alles* vorherbestimmt? Hat Gott alles schon bis ins Detail geplant? Ändert er nie seine Meinung?"

Er schaute mich verwundert an und sagte: „Wer kann das schon wissen? Sicher keiner, oder?"

Ich kratzte mich am Kopf. Als einer, der in der westlichen Welt beheimatet ist, neige ich nun mal dazu, alles genau wissen zu wollen und auf alles eine Antwort haben zu müssen. Ich möchte alles über Gott haargenau erklärt bekommen. Aber dieser Mann sagte mir, dass dies ein Mysterium sei. Seine Antwort war heilsam. Sie öffnete mir die Augen. Wir wissen wohl manches über Gott, aber es gibt noch so viel mehr, von dem wir nichts wissen. Also müssen wir uns mit den wenigen Informationen begnügen, die wir haben.

*Wir wissen wohl manches über Gott, aber es gibt noch so viel mehr, von dem wir nichts wissen.*

Daher komme ich noch einmal auf meine Frage zurück: Sehen Sie Gott mit den Augen eines Griechen oder mit denen eines Juden? Gleicht ihre Vorstellung von Gott der eines Griechen, der für alles immer eine genaue Definition braucht und für den alles stimmig sein muss? Oder sind Sie in der Lage, einen Augenblick lang Gott aus der Perspektive eines Juden zu sehen? Ein Jude nähert sich Gott über Geschichten und Erzählungen und gelangt auf diese Weise Stück für Stück zu einer Vorstellung von dem, wer und wie Gott ist. Gemäß dieser Sichtweise ist Gott wie ein Vater, der bei uns ist, der zu uns spricht und sich um uns kümmert. Sie müssen sich von der Vorstellung verabschieden, Gott bis ins Einzelne ergründen zu wollen. Natürlich ist Gott der Schöpfer des Universums und lenkt alles nach seinem Willen und vieles bleibt für uns ein Geheimnis. Dennoch dürfen wir sicher sein, dass es ihn nicht unberührt lässt, was wir ihm sagen. Daher ist es ihm wichtig, was Sie ihm sagen und er misst Ihren Worten ein hohes Maß an Bedeutung bei. Das macht Gott nicht geringer, sondern Sie bedeutsamer. Welch ein unglaubliches Vorrecht bedeutet es für uns, dass der Schöpfer des ganzen Universums, der alle Dinge weiß, sich für das interessiert, was Sie denken und meinen. Er hört gerne Ihre Stimme. Sie sind sein Kind – ein Sohn oder eine Tochter Gottes.

Wir lesen in der Bibel, wie Mose einen Berg hochsteigt, um mit Gott zu reden. Während Gott auf das jüdische Volk schaut, welches sich im gleichen Augenblick der Zügellosigkeit und liederlichen Ausschweifung hingibt, sagt er zu Mose: „Ich rotte sie aus. Ich vertilge sie vom Erdboden“, was bedeutet, dass Gott sie töten will. Aber Mose fleht: „Nein, Herr, tu das bitte nicht!“, wobei er folgende Gründe anführt und Gott zu überreden versucht: „Bedenke nur, was die Ägypter sagen werden. Sie werden meinen, du hättest die Israeliten nur aus Ägypten herausgeführt, um deine Spielchen mit ihnen zu treiben und sie dann zu töten. Denke auch einmal an deinen Bund, den du mit Abraham geschlossen hast. Du hast ihm versprochen, dass du dein auserwähltes Volk lieben und beschützen würdest. Du kannst sie jetzt nicht einfach umbringen." Und dann tut Gott etwas, das uns über die Maßen erstaunt: Er ändert seine Meinung!

Können wir das begreifen? Gott achtet auf das, was wir sagen! Was für ein unglaublicher Gedanke, dass Gott uns zuhört! Wenn wir ihn anbeten, lässt dies sein Herz schneller schlagen. Wenn wir von ihm schwärmen und ihn loben, erfreut ihn das. Er ist uns nahe, hört uns zu und nimmt Anteil an dem, was wir tun. Gott hat uns lieb. Sollte Liebe nicht so aussehen? Gott liebt uns auf die gleiche Art und Weise, wie wir unsere Kinder lieben. Es gibt hierbei keinen Unterschied.

Auf der anderen Seite geschehen auf der geistlichen Ebene Dinge, die wir nicht unbedingt verstehen. Wir müssen sie als Mysterium hinnehmen und akzeptieren. Die Bibel berichtet uns zum Beispiel vom Propheten Daniel, wie er Gott drei Wochen lang um eine Offenbarung bittet. Er beginnt sich schon zu fragen, wo Gott eigentlich bleibt, weil nichts passiert und Gott nicht antwortet. Dann erscheint ihm plötzlich ein Engel, vermutlich der Engel Gabriel. „Ich habe eine Nachricht für dich", sagt er. „Es tut mir leid, dass es so lange gedauert hat, aber ich wurde von einem wichtigen Kampf in der unsichtbaren Welt aufgehalten."

Wie ist so etwas theologisch zu erklären? Kann uns irgendein Lehrbuch hier weiterhelfen? Nein. Es gibt nun einmal in der unsichtbaren Welt Dinge und Vorgänge, die wir nie verstehen werden. Was wir allerdings verstehen sollen, ist, dass es das Anliegen und der Wunsch Gottes ist, dass wir beten! Wir sollen verstehen, dass er uns hört und antworten wird, wenn wir beten.

*Doch eines weiß ich sehr wohl: Gebet verändert Dinge.*

Bobby

Sie können mir glauben: Wenn Sie beten, werden Sie manchmal unglaubliche Wunder erfahren. Das habe auch ich schon erlebt. Aber manchmal geschieht auch gar nichts. Ich habe hierfür keine Erklärung. Man kann das nicht begreifen und niemand wird es jemals können. Doch eines weiß ich sehr wohl: Gebet verändert Dinge.

Es gibt interessante Studien im Bereich der Medizin darüber, welche Auswirkungen das Gebet hat. Rund 130 wissenschaftliche Artikel wurden in Hinblick auf das Gebet verfasst. Eine der erstaunlichsten Untersuchungen möchte ich hier anführen. Es ist eine Studie der Universität von San Francisco, die 1988 vom Kardiologen Randolph Byrd durchgeführt wurde. Byrd und sein Team führten eine Untersuchung unter Herzpatienten durch. Er bat eine Kirchengemeinde, für die eine Hälfte seiner Patienten zu beten. Sie erhielten lediglich den Vornamen sowie den Anfangsbuchstaben des Nachnamens. Für die andere Hälfte der Patienten wurde nicht gebetet. Die Namen waren willkürlich ausgewählt worden und weder die Patienten, für die gebetet wurde, noch die sie behandelnden Ärzte waren hierüber informiert worden. Ein Placeboeffekt war somit ausgeschlossen, da keiner (außer den Betern in der Kirchengemeinde) wusste, was vor sich ging.

Das Ergebnis sah folgendermaßen aus: Die Patienten, für die gebetet wurde, benötigten fünfmal weniger Antibiotika. Bei ihnen bestand ein dreimal geringeres Risiko, ein Lungenödem zu entwickeln. Niemand musste intubiert und künstlich beatmet werden. Besonders auffällig war, dass weniger von ihnen starben. Der Bericht erschien in allen großen amerikanischen Zeitungen und Zeitschriften.

Ein gewisser William Harris stand dem Ganzen skeptisch gegenüber und machte sich seine eigenen Gedanken. Er beschloss, die Untersuchung zu wiederholen. Dabei folgte er einer äußerst gründlichen Prozedur von diversen Ausschlusskriterien. Und zu welchem Ergebnis gelangte Harris? Seine Schlussfolgerung lautete: „Das zusätzliche, anonyme Gebet aus der Ferne führt bei ernsthaft Erkrankten zu einer messbaren Verbesserung des Gesundheitszustandes." Obwohl er eigentlich beabsichtigt hatte, die Untersuchung von Randolph Byrd zu entkräften, erzielte er sogar noch bessere Resultate. Selbst Dr. William

Nolan, der für verschiedene Magazine Artikel verfasste, schrieb: „Es sieht so aus, als ob diese Studie einer genaueren Prüfung standhält. Vielleicht sollten wir Ärzte anfangen, auf unsere Rezeptblöcke zu schreiben: ‚Jeden Tag dreimal beten.'"

Es ist doch so: Wenn etwas funktioniert, dann funktioniert es. Hier ist jetzt nicht der Ort, um auf alle Diskussions- und Kritikpunkte einzugehen, aber es ist auf jeden Fall erwiesen, dass Gebet die Umstände oder die Situation verändert, auch wenn wir nicht wissen wie. Die Bibel lehrt uns, dass wir Gott anrufen und ihn um Hilfe bitten sollen. Sobald wir das tun, wird er auf unser Gebet hin antworten.

Vielleicht wenden Sie jetzt ein, dass Sie noch nie erlebt haben, dass Gott zu Ihnen geredet hat. Doch ich frage Sie: Haben Sie denn schon einmal ernsthaft mit Gott geredet? Womöglich starren Sie mit einem kalten und teilnahmslosen Herzen zum Himmel und meinen, dass Gott auf dieselbe distanzierte Weise auf diese Welt blickt. Doch dem ist nicht so. Gott möchte liebend gerne wissen, was Sie denken. Er möchte Ihre Lieder und Gedichte hören. Er möchte Ihre Gebete hören und Ihre erhobenen Hände sehen, wenn Sie ihn loben und preisen. Gott will direkt an Ihrem Leben teilhaben und möchte, dass der Himmel in Ihr Leben tritt. Er möchte Sie lehren, vom Glauben her zu leben und in seiner Liebe zu bleiben. Er wünscht sich, mit seinem Leben, seiner Kraft und seiner Liebe hier und jetzt in Ihr Leben zu treten. Das ewige Leben befindet sich ganz in Ihrer Reichweite.

*Gott will direkt an Ihrem Leben teilhaben und möchte, dass der Himmel in Ihr Leben tritt.*

Wenn Gott ein Wunder in Ihrem Leben tut, wenn Sie tief in Ihrem Inneren berührt werden und Sie spüren und erkennen, dass Gott Ihnen nahe ist, verändert sich etwas drastisch in Ihrem Leben. Das wird Ihnen Glaube, Vertrauen und Mut verleihen. Gott kann das Wunder in Ihrem Leben vollbringen und tiefe Verletzungen, Einsamkeit und Hoffnungslosigkeit heilen.

Aus diesem Grund sollten wir alle Männer und Frauen des Gebets werden. Nein, denken Sie hierbei bitte nicht an bestimmte Rituale oder Formeln. Sie müssen auch nicht warten, bis Sie einen stärkeren oder mehr Glauben besitzen. Darüber hinaus sollten Sie sich davor hüten zu denken, dass etwas auf irgendeine bestimmte Weise zu geschehen habe. Gott ist kein Wunschautomat und es gibt ihn nicht im Sparmenü. Er sagt uns, dass wir beten, glauben und darauf vertrauen sollen, dass er stets nur das Beste mit uns im Sinn hat. Und womöglich ändert er ja aufgrund Ihres Gebets tatsächlich seine Meinung und tritt in Ihre Welt ein. Wer weiß? Gott könnte die ganze Welt um Sie her buchstäblich verändern.

Liebe Leser und Leserinnen, ich möchte, dass Sie dies zu Herzen nehmen, wovon ich in diesem Kapitel geschrieben habe: Gebet kann auch Ihr Leben dramatisch verändern. Glauben Sie mir: Weil Sie ein Sohn oder eine Tochter Gottes sind, liegt es ihm am Herzen zu erfahren, was Sie denken, wie Sie sich fühlen und wie es in Ihrem Herzen aussieht.

Einmal wurde Jesus von einem Pharisäer zum Essen eingeladen. Er ging in das Haus dieses Mannes und setzte sich an den Tisch. Da kam eine Prostituierte herein, die in dieser Stadt lebte. Sie hatte erfahren, dass Jesus bei dem Pharisäer eingeladen war. In ihrer Hand trug sie ein Fläschchen mit wertvollem Salböl. Die Frau ging zu Jesus, kniete bei ihm nieder und weinte so sehr, dass seine Füße von ihren Tränen nass wurden. Mit ihrem Haar trocknete sie die Füße, küsste sie und goss das Öl darüber. Der Pharisäer hatte das alles beobachtet und dachte: „Wenn dieser Mann wirklich ein Prophet wäre, müsste er doch wissen, was für eine Frau ihn da berührt. Sie ist doch eine stadtbekannte Hure!" „Simon, ich will dir etwas erzählen", unterbrach ihn Jesus in seinen Gedanken. „Ja, ich höre zu, Lehrer", antwortete Simon. „Ein reicher Mann hatte zwei Leuten Geld geliehen. Der eine Mann schuldete ihm fünfhundert Silberstücke, der andere fünfzig. Weil sie das Geld aber nicht zurückzahlen konnten, schenkte er es beiden. Welcher der beiden Männer wird ihm nun am meisten dankbar sein?" Simon antwortete: „Bestimmt der, dem er die größte Schuld erlassen hat." „Du hast Recht!", bestätigte ihm Jesus. Dann blickte er die Frau an und sagte: „Sieh diese Frau, Simon! Ich kam in dein Haus, und du hast mir kein Wasser für meine Füße gegeben, was doch sonst selbstverständlich ist. Aber sie hat meine Füße mit ihren Tränen gewaschen und mit ihrem Haar getrocknet. Du hast mich nicht mit einem Kuss begrüßt. Aber seit ich hier bin, hat diese Frau immer wieder meine Füße geküsst. Du hast meine Stirn nicht mit Öl gesalbt, während sie dieses kostbare Öl sogar über meine Füße gegossen hat. Ich sage dir: Ihre große Schuld ist ihr vergeben; und darum hat sie mir so viel Liebe gezeigt. Wem aber wenig vergeben wird, der liebt auch wenig." Zu der Frau sagte Jesus: „Deine Sünden sind dir vergeben."

LUKAS 7,36-48

# 11

## Erkennen Sie die Schönheit, die Sie umgibt

In diesem Kapitel möchte ich etwas zum Thema Schönheit sagen. Ich bin der Meinung, dass die Art und Weise, wie die Welt Schönheit sieht, nicht richtig ist. Wenn wir die wahre Schönheit in der Welt erkennen könnten, wie Jesus es tat, hätten wir die Möglichkeit, die ganze Welt zu verändern. Ich denke, wenn wir unsere Sichtweise ändern würden, wie wir die Welt betrachten, könnten wir die Welt selbst verändern. Meiner Meinung nach hat Jesus das gelehrt. Doch beginnen wir zuerst damit, wie Jesus selbst war und ausgesehen hat.

> *Wenn wir unsere Sichtweise ändern würden, wie wir die Welt betrachten, könnten wir die Welt selbst verändern.*

Als ich vor einiger Zeit in Israel war, habe ich das Grab gesehen, in dem Jesus bis zu seiner Auferstehung gelegen hat. Es war sehr klein, genau wie die meisten Gräber in jener Zeit. Ich vermute daher, dass Jesus nur ungefähr 1,50 Meter groß war. Da er von Beruf Zimmermann war, wird er sehr wahrscheinlich raue Hände gehabt haben. Vielleicht hatte er als Zimmermann auch schon die eine oder andere Narbe davongetragen. Er sah auch bestimmt nicht so gepflegt aus wie wir heute. Wir wissen, dass er sich ab und zu in die Wüste zurückzog – manchmal sogar vierzig Tage hintereinander. Erst danach kam er wieder zurück. Glauben Sie mir, nach vierzig Wüstentagen

> *Viele Menschen konnten sich von dem Anblick Jesu gar nicht mehr losreißen. Er hatte etwas an sich, das unglaublich schön war.*

sieht man nicht herausgeputzt wie ein Nachrichtensprecher aus. Wahrscheinlich kam Jesus eher etwas schmuddelig daher, verschwitzt und dreckig. Jesaja weissagte von dem kommenden Messias – und damit von Jesus, dem wir dienen –, dass dieser kein besonderes Aussehen haben würde. In einem der Psalmen in der Bibel wird der Messias sogar beschrieben als „ein Wurm" und „kein Mensch mehr" (Psalm 22,7). Er war vielleicht mager, schmutzig und zerlumpt. Vielleicht hatte er sogar einen buschigen Bart und ähnelte vom Aussehen her eher einem Obdachlosen. Angesichts dessen was wir über das äußere Erscheinungsbild von Jesus wissen und mutmaßen können, würden wir ihn heute wohl eher als hässlich bezeichnen. Dennoch hatte Jesus etwas außerordentlich Anziehendes. Viele Menschen konnten sich von dem Anblick Jesu gar nicht mehr losreißen. Er hatte etwas an sich, das unglaublich schön war. Auf eine gewisse Art war Jesus sicher das Schönste, was diese Welt je erblickt hat.

Eine meiner bewegendsten Erinnerungen ist die, wo ich mit meinem Vater Fischen und auf einer Bootstour war. Mein Vater und ich gehen gerne gemeinsam Fischen. Wir fahren hierfür immer mit einem kleinen Boot raus. Als ich noch ein Teenager und ungefähr 17 Jahre alt war, machten wir eine siebentägige Reise nach Mexiko. Wir hatten extra jemanden angeheuert, der das Boot steuerte und wenn nötig reparierte. Nach eigenen Angaben besaß der Mann viel Erfahrung. Aber in der ersten Nacht, irgendwo vor der Küste Mexikos, weckte mich mein Vater bereits um zwei Uhr morgens.

„Der Typ ist seekrank", sagte er.

„Was? Du hast einen seekranken Seemann angeheuert?!"

„So sieht es aus. Daher wirst du jetzt von zwei Uhr bis sechs Uhr am Steuer stehen."

Ich stand etwas missmutig und frustriert auf und musste das Boot während der anstrengendsten Zeit der Nachtwache hindurch steuern. Nach ein paar langen, einsamen Stunden begab ich mich schließlich am Ende der Nacht zur Reling. Als ich zum östlichen Horizont schaute, sah ich, wie die Küstenlinie der mexikanischen Wüste im Mondlicht badete. Über mir war der Himmel übersät mit Sternen. Im Wasser war etwas, das man biolumineszente Algen nennt. Das sind kleine Mikroorganismen, die im Wasser grünlich schimmern. Das sieht dann wie Feenstaub aus oder wie Sterne im Wasser. Und immer wenn irgendetwas diese Algen berührt, leuchten sie sehr hell auf. Weil das Boot durchs Wasser schnitt, leuchteten die Bugwellen wunderbar grünlich auf. Doch dann sah ich, wie zwei Objekte plötzlich auf mich zugeschossen kamen. Sie sahen aus wie Torpedos oder Seeschlangen. Sie kamen direkt auf das Boot zu. Ich fiel vor Schreck fast von Bord. Doch es stellte sich schnell heraus, dass es nur zwei Delphine waren, die durch ihre Geschwindigkeit den Eindruck von sich lang dahinziehenden Schlangen erweckt hatten. Als ich mir das Ganze, was sich um mich her abspielte, noch einmal in Ruhe anschaute, erkannte ich, dass dies das Schönste war, was ich jemals gesehen hatte. Irgendetwas ließ mich in diesem Augenblick Gott näher fühlen. Mir wurde klar, dass alles, was ich sah, von Gott erschaffen worden war. Es hört sich vielleicht komisch an, aber es freute mich für Gott, weil er das kreativste, wundervollste und schönste Wesen des Universums ist.

Ein solches Gefühl, wie ich es damals auf dem Boot hatte, als ich Gottes Schöpfung sah und all das, was er gemacht hatte, mussten auch die Menschen beim Anblick von Jesus gehabt haben. Für mich ist alles, was damals so schön an diesem Augenblick war, in Jesus enthalten! Alles, was wir im Leben als Schönheit erfahren und alles, was das Gewöhnliche übersteigt, finden wir im Charakter Jesu und die Menschen sahen das. Jesus hatte etwas an sich, das den Menschen fast das Herz vor Freude zerspringen ließ, wenn er unter ihnen war. Sie sahen Jesus und wurden mit Glück erfüllt. Vielleicht geschah das deshalb, weil sie plötzlich etwas von der wahren Schönheit erblickten.

Jener Pharisäer in der Geschichte, von der uns Lukas in seinem Evangelium berichtet[14], hatte seine eigenen Vorstellungen

[14] vgl. Lukas 7,36-48.

von dem, was schön und hässlich und was gut und falsch war. Der Pharisäer empfand sich selbst als schön. Er selbst war ja gut und gerecht. Doch jene Frau war eine Sünderin und deshalb hässlich. Sie war eine Ausgestoßene und musste entsprechend der Tradition abgewiesen werden. Jesus hingegen war in den Augen des Pharisäers nicht mehr als ein Ehrengast, der ihm Ansehen eintrug. Man braucht schließlich nur irgendeine Berühmtheit oder einen Propheten bei sich zu Hause zu empfangen und schon wird man augenblicklich von den Mitmenschen höher angesehen.

Als der Pharisäer sah, wie Jesus die Frau gewähren ließ und sich mit ihr abgab, dachte er bei sich: „Dieser Mann kann unmöglich ein Prophet sein." In Wirklichkeit entdeckte Jesus mehr Schönheit bei dieser Frau als beim frommen Pharisäer. Auch die Frau sah etwas in Jesus, was der Pharisäer wiederum nicht sah. Jesus war in der Lage, ihre wahre Schönheit, ihre wahre Liebe, ihre wahre Ehrerbietung und ihre wahre Anbetung zu bemerken. Deswegen erkannte er die wirkliche Schönheit dieser Frau. Und weil er sie als schön ansah, als wertvoll und nicht als eine Verworfene, sondern als seine Tochter, sagte er: „Du gehörst jetzt zu mir. Ich schätze dich sehr. Du bist schön!"

Das war absolut außergewöhnlich. In den Augen des Pharisäers war diese Frau eine Ausgestoßene und eine elendige, schmutzige Sünderin. Für Jesus hingegen war sie schön, wunderbar, wertvoll, geliebt und kostbar. Dadurch zeigte Jesus, dass wir als Gläubige, indem wir die Schönheit in anderen Menschen sehen, die Fähigkeit besitzen, sie zu verändern, zu retten, zu erneuern, wiederherzustellen und sie zu ermutigen, ein neues Leben zu führen!

*Erst wenn man jemand gut kennenlernt, sieht man seine oder ihre Schönheit.*

Nehmen wir einmal an, Mutter Teresa würde noch leben. Wenn sie als durchschnittlich betagte Dame auf der Straße ginge, würde sie einem nicht auffallen. Ich würde ihr auf jeden Fall nicht wegen ihrer Schönheit hinterherschauen. „Sie ist sicher eine liebe, nette alte Frau, die leckere Kekse backen kann“, würde ich denken. Sie würde mich an meine Oma erinnern. Vermutlich wäre es mir ein bisschen wohl ums Herz, aber ich wäre nicht beeindruckt. Doch sobald sie ihre typisch kleine blaue Robe anziehen würde, durch die man sie auf Anhieb erkennt, würden wir vermutlich alles andere stehen und liegen lassen. Wir würden uns zu ihren Füßen setzen und ihre Schönheit bewundern und von ihr lernen, denn erst dann, wenn man einen Menschen gut kennengelernt hat, erkennt man auch seine wahre Schönheit. Jemanden zu kennen verändert die Art und Weise, wie man diesen Menschen sieht.

Mutter Teresa war äußerlich gesehen keine besondere Erscheinung. Aber gibt es in unserer Zeit einen Menschen von größerer Schönheit? Gibt es jemanden mit mehr Kraft und Glauben? Mir fällt keiner ein. Mutter Teresas Schönheit kam von innen. Sie war echt. Sie war wahrhaftig. Sie besaß die Art von Schönheit, die auch Jesus sah. Heute ist es natürlich nicht schwierig, die Schönheit von Mutter Teresa zu sehen, weil sie so bekannt ist. Aber wie viele Menschen sind genauso schön wie sie, so demütig und so unbekannt, dass wir ihre Schönheit nicht sehen und erkennen können?

*Sie besitzen die Fähigkeit, das Leben eines Menschen zu verändern, indem Sie Ihre eigene Art und Weise ändern, wie Sie diesen Menschen ansehen.*

Doch ich verrate Ihnen etwas: Sie besitzen fast schon so etwas wie „magische Kräfte“. Ich meine damit eine besondere Kraft und Fähigkeit, die Sie von Gott empfangen haben. Es ist die Fähigkeit, das Leben eines Menschen zu verändern, indem Sie Ihre eigene Art und Weise ändern, wie Sie diesen Menschen ansehen.

Ich selbst halte mich für einen guten Menschen. Ich bin aufrichtig, selbstbewusst, begabt und glücklich. Aber der Grund dafür, dass ich mich selbst so sehe, ist der, dass es andere gibt, die diese Dinge zuerst in mir gesehen haben. Ich habe fantastische Eltern und tolle Großeltern, wie Sie wissen. Ich habe eine großartige Familie und gute Freunde. Von Kindesbeinen an glaubten sie daran, dass ich ein guter Junge bin. Sie sahen das Gute in mir. Sie dachten gut von mir, sahen über das Schlechte und Finstere hinweg und glaubten an das Gute in mir. Gott gebrauchte diese Form der Bestätigung, die ich durch andere erhielt, um aus mir einen Mann mit einem guten Charakter und guten Eigenschaften zu machen. Ich sage das alles natürlich nicht mit der Absicht, um damit irgendwie angeben oder prahlen zu wollen. Ganz im Gegenteil. Es ist ja nicht mein Verdienst, dass ich so bin wie ich bin. Vielmehr verdanke ich alles meiner Familie und meinen Freunden, die mehr sahen als nur meine Fehler. Sie erkannten etwas tiefer Liegendes und Besseres in mir, was mich letztlich zu dem Menschen gemacht hat, der ich heute bin.

Aber viele von uns sind nicht so aufgewachsen. Eine Reihe von Menschen scheint finster, böse, verbittert, gewalttätig und aggressiv zu sein und wir wissen nicht einmal, wie deren Eltern und Freunde waren. Vermutlich besitzen auch diese Menschen wahre Schönheit und sind gute Menschen. Doch wir haben sie uns nie richtig betrachtet und uns nicht um sie gekümmert. Allzu oft haben wir nur noch Augen für solche Menschen, die von allen als schön angesehen werden. Dadurch versagen wir und lassen unsere Fähigkeit ungenutzt, das Leben von Menschen positiv zu verändern.

Ich ging einmal wandern. Auf dem Weg begegnete mir ein kleiner Junge von fünf oder sechs Jahren. Sein Vater hatte ihn auf die Wanderung mitgenommen. So eine Wanderung ist immer etwas Herrliches. Auf einmal zog der Junge ganz aufgeregt am Arm seines Vaters. Er hatte eine erstaunliche Entdeckung gemacht.

„Schau dort, Papa. Ein Schmetterling!"

Doch der Mann beachtete ihn gar nicht und machte stattdessen vielmehr Anstalten, schon wieder weiterzulaufen. Der kleine Junge war hingegen enttäuscht. Sein Vater hatte den Schmetterling nicht gesehen.

Während sie weiterliefen, tauchte der Schmetterling plötzlich wieder auf. „Schau, Papa!"

Doch wieder schaute der Mann zu spät hin.

Das ist sicher ein uns allen vertrautes Bild: Da ist ein Kind, das in seiner Begeisterung etwas mitteilen will, doch ein Elternteil verpasst hierfür die Gelegenheit. Bei näherer Betrachtung vergaß jener Vater sogar komplett den eigentlichen Grund dafür, warum er den Ausflug mit seinem kleinen Sohn überhaupt gemacht hat! Und vielleicht ergeht es uns in unserem Leben ja ähnlich, wenn wir auf der Arbeit sind, im Stau stecken, von einer Besprechung zur nächsten hetzen, mit Kochen oder dem Abwasch oder mit der Reinigung der Wohnung und allem anderen so schwer beschäftigt sind, was wir so zwingend erledigen müssen. Wir haben dadurch keine Zeit mehr, um noch etwas Schönes zu sehen. Das ist der Grund, warum uns die Welt so farblos und hässlich erscheint.

Wenn wir allerdings die Geschwindigkeit verringern und an das Ziel unserer Reise denken könnten, würden wir vielleicht zu einem ganz anderen Menschen werden. Es geschieht nämlich etwas, wenn wir die Geschwindigkeit drosseln. Wir würden damit beginnen, wieder ganz neu unseren himmlischen Vater zu lieben. Das würde dazu führen, dass wir auch wieder in der Lage sind, das Gute in anderen zu erkennen. Und genau darum geht es ja! Sobald man das Gute in anderen sehen kann, hat man auch die Möglichkeit, deren Leben zu verändern.

Nehmen wir einmal an, alle hätten eine Abneigung gegen einen von Ihren Kollegen. Der Mann ist heimtückisch, taktlos und introvertiert. Doch wenn Sie diesem Mann mit Offenheit begegnen und ihm sagen, dass Sie ihn im Grunde genommen doch ganz nett finden, werden Sie vermutlich Folgendes feststellen: der Mann scheint auf einmal von selbst etwas freundlicher zu werden. Vielleicht begegnet er anderen nun mit einer größeren Aufmerksamkeit. Vielleicht hält er anderen nun die Tür auf und dergleichen. Und all das tut er nur deshalb, weil Sie etwas in ihm sahen, was ansonsten niemandem aufgefallen war: etwas Schönes. Damit haben Sie etwas Winziges in seinem Charakter verändert. In der Regel bekommen solche Menschen nie zu hören, dass sie gut, schön oder freundlich sind. Sie erhalten nie ein Kompliment oder eine Form der Bestätigung. Doch sobald Sie einen solchen Menschen auf irgendwelche positiven Dinge in seinem Leben hinweisen, wird er von selbst etwas Neues über sich entdecken. Sie selbst – und zwar so, wie Sie sind – verfügen über die Kraft, durch ein einziges Kompliment das Leben eines Menschen zu beeinflussen.

*Sie selbst – und zwar so, wie Sie sind – verfügen über die Kraft, durch ein einziges Kompliment das Leben eines Menschen zu beeinflussen.*

Vielleicht sehen Sie sich selbst außerstande, so etwas im Leben eines anderen zu sehen. „In manchen Menschen sehe ich das einfach nicht", mögen Sie vielleicht einwenden. Doch in dem Maße, wie Sie damit anfangen Gott zu lieben, werden Sie auch immer mehr lernen, Menschen zu lieben. Wir müssen solche Menschen werden, die das Beste in anderen sehen. Wir müssen für die Menschen um uns her mehr Vater oder Mutter sein statt Richter; mehr wie eine frisch verliebte Freundin als eine Exfrau. Machen Sie sich bewusst, dass Sie die Lebensgeschichte dieser Menschen in den meisten Fällen nicht kennen. Sie kennen auch nicht den Hintergrund und die Familie dieser Menschen. Sie wissen nicht, was dieser Mensch alles durchgemacht hat.

Wenn Sie in der Lage sind, das Beste in anderen sehen zu können, wird es Ihnen möglich sein, Menschen für immer zu verändern. Das ist genau das, was diese Welt dringend braucht. Die Welt braucht keine Hollywoodsternchen, sondern Christen, die wahre Schönheit, wahre Tugend und wahre Liebe erkennen können.

Als wieder einmal eine große Menschenmenge aus allen Städten zusammengekommen war, erzählte Jesus dieses Gleichnis: „Ein Bauer säte Getreide aus. Dabei fielen ein paar Saatkörner auf den Weg. Sie wurden zertreten und von den Vögeln aufgepickt. Andere Körner fielen auf felsigen Boden. Sie gingen auf, aber weil es nicht feucht genug war, vertrockneten sie. Einige Körner fielen zwischen die Disteln, in denen die junge Saat bald erstickte. Die übrige Saat aber fiel auf fruchtbaren Boden. Das Getreide wuchs heran und brachte das Hundertfache der Aussaat als Ertrag. Hört genau auf das, was ich euch sage!" Später fragten ihn seine Jünger, was er mit diesem Gleichnis sagen wollte. Jesus antwortete ihnen: „Euch lässt Gott die Geheimnisse seiner neuen Welt verstehen. Zu allen anderen aber rede ich in Gleichnissen. Denn sie sollen sehen, aber nicht erkennen, sie sollen hören, aber nicht verstehen. Euch aber will ich das Gleichnis erklären: Die Saat ist Gottes Botschaft. Der Mensch, bei dem die Saat auf den Weg fällt, hat die Botschaft zwar gehört. Aber dann kommt der Teufel und nimmt ihm die Botschaft aus dem Herzen, damit dieser Mensch nicht glaubt und gerettet wird. Wie felsiger Boden ist ein Mensch, der die Botschaft hört und mit großer Begeisterung annimmt. Aber sein Glaube hat keine starke Wurzel. Eine Zeit lang vertraut dieser Mensch Gott, doch wenn er wegen seines Glaubens in Schwierigkeiten gerät, wendet er sich wieder von Gott ab. Der von Disteln überwucherte Boden entspricht einem Menschen, der die Botschaft zwar hört, bei dem aber alles beim Alten bleibt. Denn die Sorgen des Alltags, die Verführung durch den Wohlstand und die Jagd nach den Freuden dieses Lebens ersticken Gottes Botschaft, so dass keine Frucht reifen kann. Aber es gibt auch fruchtbaren Boden: den Menschen, der Gottes Botschaft bereitwillig und aufrichtig annimmt. Er bewahrt sie im Herzen und lässt sich durch nichts beirren, bis sein Glaube schließlich reiche Frucht bringt. LUKAS 8,4-15

# 12

# Sie können eine lebendige Erinnerung sein

In diesem Kapitel erfahren Sie, was es bedeutet, eine lebendige Erinnerung zu sein. Henri Nouwen sprach einmal darüber, was ihm besonders wichtig war und am Herzen lag. Es ging ihm darum, eine ständige Erinnerung für andere Menschen zu sein und dadurch zu zeigen, wer Gott ist, was er einem selbst bedeutet und wie man eine persönliche Beziehung zu Gott dem Vater aufbauen kann.

Ich war sechzehn Jahre alt, als ich Jesus mein Leben übergab. Okay, ich wurde christlich erzogen und neben meinem Vater waren auch mein Großvater, mein Urgroßvater und mein Onkel Pastoren. Ich wuchs also in einer regelrechten Familie von Pastoren und Predigern auf. Man ging automatisch davon aus, dass ich an Jesus Christus glauben würde. Aber es ist immer das Gleiche mit Teenagern: Sie machen genau das Gegenteil von dem, was man erwartet. Für mich hieß das, dass ich selber auf meine Weise zum Glauben an Jesus finden musste.

Als ich dann zu einer persönlichen Beziehung mit Jesus fand, nahm ich mir vor, ihn auch anderen Menschen bekannt zu machen, ganz gleich welchen Hintergrund sie auch haben mochten. Also ging ich in der Schule auf die schlimmsten und chaotischsten Schüler und „Problemfälle" zu und erzählte ihnen von meinem Glauben. Einige sagten dann: „Ich möchte Gott auch kennenlernen oder Christ werden. Ich komme mit dir in die Kirche." Nachdem ich mir ihren Namen und ihre Telefonnummer notiert hatte, rief ich sie dann vor Beginn der Jugendgruppe am Mittwoch an und sagte: „Wenn du jetzt zu mir nach Hause kommst, fahren wir mit dem Auto meiner Eltern zur Kirche." Doch schon sehr bald reichte das Auto meiner Eltern nicht mehr. Nachdem wir vorübergehend einen Kleinbus hatten, brauchten wir zuletzt zwei Schulbusse! Meine Mutter machte für uns immer etwas zu essen, ehe wir dann mit den Bussen zur Jugendgruppe fuhren.

Ich war bereits in jungen Jahren damit beschäftigt, anderen von Jesus zu erzählen und jedes Mal, wenn ich jemandem von der Guten Nachricht erzählt hatte, las ich ihm den Abschnitt aus dem Lukasevangelium vor, der diesem Kapitel vorangestellt ist: das Gleichnis von Jesus über den Samen und den fruchtbaren Erdboden.

Als Jesus dieses Gleichnis erzählte, dachte vermutlich jeder Zuhörer von sich: „Ich bin der gute Erdboden!" Doch Jesus forderte die Menschen nicht unbedingt heraus, fruchtbarer Boden zu werden. Vielmehr wollte er ihnen helfen, zurückzublicken und sich an das allererste Mal zu erinnern, als sie die Botschaft von Gott hörten, ihn erlebten und in ihrem Leben gespürt haben. Im Grunde genommen fragte er: „Wie sah damals deine Reaktion aus? Wie erging es dir in jenem Moment?"

*Jesus gebraucht Erinnerungen, um das Leben der Menschen zu verändern, zu denen er gerade spricht.*

Jesus fordert die Menschen in diesem Gleichnis nicht heraus, gute Erde zu sein, sondern er fragt sie: „Was für ein Erdboden seid ihr am Anfang gewesen?" Jesus gebraucht Erinnerungen, um das Leben der Menschen zu verändern, zu denen er gerade spricht. Manche Menschen schauen zurück und sagen: „Als ich das Evangelium hörte, blieb mein Herz kalt." Andere waren indessen begeistert, aber sie schleppten Sorgen mit sich herum und sagten: „Meine viele Arbeit, all die Rechnungen und dann jeden Tag diese Staus ... Darum habe ich es bleiben lassen." Wieder andere sagen vielleicht: „Ich habe diese Botschaft auch gehört, aber in dieser Zeit wurde ich gerade befördert. Bei so viel Erfolg brauchte ich nichts anderes mehr." Doch zum Glück gibt es auch noch solche, die sagen: „Ja, bei mir fiel diese Botschaft auf guten Boden und trug in meinem Leben Früchte!"

Wieso gebraucht Jesus unsere Erinnerungen, um uns zu verändern? Der Grund dafür ist: Es gibt innerhalb der jüdischen Tradition nur wenige Dinge, die bedeutsamer sind als Erinnerungen. Bereits im Alten Testament sehen wir, dass das Volk Israel immer wieder an Gottes Bund erinnert wird. „Erinnert euch an den Bund, den Gott mit euch geschlossen hat!", so lautete ständig die Aufforderung. „Vergesst ihn niemals!" Wenn das Volk dann in einer Schlacht einen großen Sieg über die Feinde errungen hatte, errichteten sie einen „Eben-Eser", einen „Stein der Hilfe". Dies war ein Denkmal aus angehäuften Steinen, damit sie nie vergaßen, dass Gott mit ihnen gewesen war und sie gerettet hatte. Wenn sie bei zukünftigen, schweren Prüfungen nicht mehr wussten, wie es weitergehen sollte, hatten sie diese beständige Erinnerung – ein Denkmal aus aufeinandergeschichteten Steinen.

Auch Jesus weist seine Jünger auf die Bedeutung von Erinnerungen hin: *„Der Heilige Geist ... wird euch an all das erinnern, was ich euch gesagt habe"* (Johannes 14, 26). Oder denken wir an die Einsetzungsworte zum Abendmahl. *„... denkt an mich und an das, was ich für euch getan habe!"* (1. Korinther 11, 25). Das Abendmahl hilft uns, nie zu vergessen, was Christus für uns getan hat. Jesus stiftet dieses Gedächtnismahl, weil er um die Kraft und Bedeutung einer wahrhaftigen, lebendigen Erinnerung weiß.

Es ist etwas Besonderes und sehr Persönliches, gemeinsame Erinnerungen mit jemandem aufzufrischen. Ich denke hierbei an einen sehr guten Freund von früher. Sein Name ist Quinn. Quinn hat mich einmal auf einer Reise nach Israel begleitet. Wir sind schon seit unserer Studienzeit miteinander befreundet, was inzwischen viele Jahre her ist. Doch wie das nun einmal so ist im Leben – man hat seine Arbeit, man heiratet und bekommt

Kinder. Und ehe man sich versieht, schläft eine solche Freundschaft mit den Jahren ein, weil man seiner Wege geht und sich mit der Zeit aus den Augen verliert. Dahinter steckt gar keine böse Absicht. Auch hat man sich nicht in die Wolle bekommen. Man hat sich mit der Zeit auseinandergelebt. Doch nach Jahren verabredete ich mich wieder mit Quinn in unserem Lieblingslokal. Wir bestellten uns einen Burger und etwas Bier. Es war ein richtig typischer Männerabend, an dem wir allerlei komische und lustige Erinnerungen auffrischten von dem, was wir als junge Kerle einmal ausgeheckt hatten. Wir führten keine tief greifende Gespräche. Trotzdem wurde unsere Freundschaft an diesem Abend wiederbelebt. Am Ende war es so, als ob sich in all den Jahren nichts geändert hatte. Die Erinnerung an so manch verrückte Geschichte aus der Vergangenheit hatte uns einander wieder näher gebracht.

Mit meiner Frau erlebe ich dasselbe auch. Wir genießen es immer, bei einer Tasse Kaffee über unsere gemeinsamen Reisen und all das zu sprechen, was wir miteinander erlebt haben. Wir können schon zehn oder zwanzig Mal davon gesprochen haben, was wir in einem bestimmten Augenblick dachten oder fühlten, wie das Essen schmeckte, welche Musik wir hörten oder welchen Menschen wir begegnet sind. Obwohl wir all diese Geschichten schon längst kennen, kommen wir dadurch, dass wir all diese Erlebnisse und Erinnerungen miteinander teilen, auf eine besondere, geistliche Art und Weise einander wieder näher. Erinnerungen schaffen nicht nur eine innige Beziehung zwischen Menschen, sondern sie erhalten diese auch.

Auch bei Beerdigungen spielen Erinnerungen eine große Rolle. In einem solchen Augenblick trauert jeder über den Verlust eines geliebten Menschen. Dann spricht jemand über besonders herausragende Ereignisse im Leben des Verstorbenen. Vielleicht wird an die Firma erinnert, die der Verstorbene aufgebaut oder die Erfolge, die dieser gehabt hat. Man ruft sich in Erinnerung, welche Hobbys der Verstorbene hatte oder welche Instrumente er spielte und all solche Dinge. Und während man sich all diese Erinnerungen an den Verstorbenen ins Gedächtnis ruft, setzt eine Art Genesung ein. Das ist etwas Großartiges. Erinnerungen rufen die Freude wach, schaffen Intimität, Wiederherstellung, Heilung und Erneuerung.

Wie die Welt sich auch verändern mag, Erinnerungen bleiben. Als Gläubige sind wir aufgerufen, eine lebendige Erinnerung zu sein – ein lebendes Denkmal – von der Güte Gottes, unseres Vaters. Sicher hat jeder Mensch Gott schon in seinem Leben mehr oder weniger bewusst erlebt. Ich sage das aus folgendem Grund: Gott ist Liebe und zwar vollkommene Liebe. Gott ist durch und durch wahre, innige Liebe. Sein Herz schlägt ständig für seine Söhne und Töchter. Das bedeutet, dass jedes Mal wenn Menschen Liebe erfahren, sie in gewisser Weise auch Gott erleben. Wenn Sie jemanden lieben, erinnern Sie diesen Menschen dadurch an Gott.

Es geschieht etwas mit uns, wenn wir spüren, dass uns jemand liebt, uns ein Kompliment macht, uns an einem kalten Tag etwas Warmes zu essen oder zu trinken gibt. Es lässt uns nicht unberührt, wenn uns jemand mag und sich Mühe gibt, uns zu helfen und uns damit wahre Liebe erweist. Man erinnert sich dann an etwas, ohne genau zu wissen woran. Etwas in unserem Herzen fängt dadurch zu leuchten an, weil sich etwas in diesem Augenblick in uns an Gott erinnert. Wir alle möchten geliebt werden, weil es in uns ein solch großes Loch gibt, das letztlich nur Gott ganz füllen kann. Jedes Mal wenn uns jemand Liebe erweist, ist das eine Erinnerung an Gott. Wenn Sie Gott persönlich erlebt haben und an ihn glauben, dann wissen Sie, dass wir die höchste Form der Liebe, Freude und Intimität in Gott finden. Selbst wenn uns ein Mensch mit Liebe begegnet, der kein Christ ist, denken wir trotzdem an Gott, weil es uns an seine große Liebe erinnert. Auf diese Weise fühlen wir uns zu Gott hingezogen. Es vermittelt uns ein Gefühl

*Es geschieht etwas mit uns, wenn wir spüren, dass uns jemand liebt.*

der Verbundenheit, Freude und Intimität. Verstehen Sie jetzt, warum wir lebendige Erinnerungen sein sollen?

Es gibt Menschen, die diese Kunst auf wundersame Art und Weise beherrschen. Sie brauchen sich erst gar nicht großartig anstrengen. Gewöhnlich sind es eher ältere Menschen, die schon reichlich Lebenserfahrung besitzen. Sobald sie einen Raum betreten oder bei einer Feier auftauchen, verändert sich auf einmal irgendwie alles. Plötzlich fühlen sich alle geliebt, lächeln und fühlen sich glücklicher. Die ganze Atmosphäre ändert sich und man erinnert sich an etwas und genau das ist der Punkt: In diesem Augenblick fühlen Sie sich mit all den Menschen verbunden, die Ihnen mit Liebe begegnet sind und das verbindet Sie letztendlich auch mit Gott.

Diese Erinnerungen sind etwas Schönes und wir sollten uns oft in dieser Weise erinnern. Doch darüber hinaus sollten wir selbst eine lebendige Erinnerung sein. Dafür bedarf es meist gar nicht viel und wir müssen uns hierzu gar nicht sonderlich anstrengen. Es ist die Tasse Tee oder Kaffee, die wir jemandem anbieten, das Kompliment, das wir jemandem machen, oder die Umarmung, die wir jemandem geben. Wenn jemand einen schweren Schicksalsschlag erlitten hat, können wir zu ihm gehen und sagen: „Wie fühlst du dich? Ich wollte dir nur sagen, dass ich dich mag und für dich da bin, wenn du mich brauchst." Vielleicht steht jemand vor einer schwierigen Entscheidung. Dann erinnern Sie diesen Menschen daran, dass Gott ihn liebt und ihn nichts von der Liebe Gottes trennen kann – weder seine sündige Vergangenheit, noch die Art und Weise, wie er sich kleidet, was er jetzt tun mag oder was die Menschen über ihn denken. Meinen Sie, dass das Banalitäten sind und nichts davon von Bedeutung ist? Dann sage ich Ihnen, dass diese Welt all die Blätter nicht fassen könnte, würden wir jede noch so kleine Liebestat aufschreiben. Und stellen Sie sich jetzt einmal vor, wie jedes dieser kleinen Dinge Denkmäler der Liebe Gottes sind! All diese kleinen Aufmerksamkeiten und Zeichen der Liebe erinnern Menschen daran, dass sie geliebt werden und dass Gott sie liebt. Glauben Sie mir, gerade solche kleinen Zeichen der Liebe können das Leben eines Menschen für immer verändern!

Zum Ende dieses Kapitels möchte ich mich noch an diejenigen Leser wenden, die einmal Christen waren. Können Sie sich an diese Zeit erinnern? Erinnern Sie sich noch daran, wie Ihr Herz für Jesus brannte, als Sie frisch zum Glauben gekommen waren? Wie war das, als Sie sich zum ersten Mal entschlossen, Ihr Leben Gott zu weihen? Wissen Sie noch, wie Sie sich dabei fühlten und was in Ihnen vorging? Können Sie sich noch an dieses leidenschaftliche Verlangen erinnern, das Sie nach Gott hatten und als Sie Jesus unbedingt mehr kennenlernen wollten? Denken Sie einmal zurück, als Sie sich Zeit zum Gebet und zum Lesen in der Bibel nahmen. Wissen Sie noch, wie Sie andere Menschen lieben wollten? Oder haben Sie all das inzwischen vergessen? Ich möchte Sie jetzt daran erinnern, dass Gott in diesem Augenblick bei Ihnen ist. Er ist bei Ihnen, wenn Sie im Stau stehen und selbst dann, wenn das Telefon ständig klingelt. Er ist auch bei Ihnen, wenn Sie gerade eine schwere Zeit durchmachen. Er hat Sie nicht verlassen und spricht nach wie vor zu Ihnen: „Denk an mich. Vergiss den Bund nicht, den ich mit dir geschlossen habe. Denk an die Siege, die ich dir geschenkt habe. Merke dir, dass Licht, Liebe und Güte zum Schluss immer gewinnen werden. Was immer du auch tust, ich werde stets bei dir sein. Du bist kostbar in meinen Augen und du gehörst zu mir. Vergiss das nie. Erinnere dich daran."

Als Herodes König von Judäa war, lebte dort der Priester Zacharias. Er gehörte zur Dienstgruppe Abija. Seine Frau Elisabeth stammte aus der Familie Aarons. Beide lebten so, wie es Gott gefällt. Sie hielten sich genau an seine Gebote und Ordnungen. Sie hatten keine Kinder, denn Elisabeth konnte keine bekommen, und beide waren inzwischen alt geworden. Wieder einmal hatte die Gruppe Abija Tempeldienst. Wie üblich wurde ausgelost, wer zur Ehre Gottes im Tempel den Weihrauch anzünden sollte. Das Los fiel auf Zacharias. Er betrat den Tempel, während die Volksmenge draußen betete. Plötzlich stand auf der rechten Seite des Räucheropferaltars ein Engel des Herrn. Zacharias erschrak und fürchtete sich. Doch der Engel sagte zu ihm: „Fürchte dich nicht, Zacharias! Gott hat dein Gebet erhört. Deine Frau Elisabeth wird bald einen Sohn bekommen. Gib ihm den Namen Johannes! Du wirst über dieses Kind froh und glücklich sein, und auch viele andere werden sich über seine Geburt freuen. Gott wird ihm eine große Aufgabe übertragen. Er wird weder Wein noch andere berauschende Getränke zu sich nehmen. Schon vor seiner Geburt wird er mit dem Heiligen Geist erfüllt sein, und er wird viele in Israel zu Gott, ihrem Herrn, zurückbringen. Entschlossen und stark wie der Prophet Elia wird er das Kommen des Messias vorbereiten: Er wird Eltern und Kinder wieder miteinander versöhnen, und die Ungehorsamen werden wieder Gottes Willen erfüllen. So wird er das ganze Volk darauf vorbereiten, den Herrn zu empfangen." „Wie ist so etwas möglich?", fragte Zacharias erstaunt den Engel. „Ich bin ein alter Mann, und auch meine Frau ist alt!" Der Engel antwortete: „Ich bin Gabriel und stehe unmittelbar vor Gott als sein Diener. Er gab mir den Auftrag, dir diese gute Nachricht zu überbringen. Aber weil du mir nicht geglaubt hast, sollst du stumm sein, bis geschieht, was ich gesagt habe. Dann wirst du sehen, dass alles wahr ist." Inzwischen wartete die Menschenmenge draußen auf Zacharias. Alle wunderten sich, dass er so lange im Tempel blieb. Als er endlich herauskam, konnte er nicht mehr reden. Daran erkannten sie, dass er im Tempel etwas Außergewöhnliches gesehen haben musste. Zacharias konnte sich nur noch mit Handzeichen verständigen; er blieb stumm. Als die Zeit seines Tempeldienstes vorüber war, ging er nach Hause.

LUKAS 1,5-23

# 13

# Die Macht gesprochener Worte

Wurden Sie schon einmal durch Worte tief verletzt, die Ihnen jemand einmal gesagt hat? Jeder hat schon einmal mehr oder weniger die unglaubliche Macht von Worten erfahren. In diesem Kapitel werden wir uns mit der Macht von Worten beschäftigen. Es wird darum gehen, inwiefern Glaube und Zweifel mit Worten in Verbindung stehen. Sie werden sehen, welche Bedeutung dem zukommt, was Sie sagen und welche Konsequenzen dies hat.

Zacharias war ein Priester aus der Dienstgruppe des Abija. Zu seiner Zeit stand der Tempeldienst im Mittelpunkt des jüdischen geistlichen Lebens. Von weit her kamen Menschen und gingen in den gewaltigen Tempelkomplex, um Gott anzubeten. Es war der einzige Ort, an dem man Opfer zur Vergebung der Sünden darbringen durfte. Darüber hinaus wurden dort alle möglichen religiösen Riten praktiziert. Für all diese Tätigkeiten gab es Priester, die im Tempel ihren Dienst verrichteten. Da es sehr viele Priester gab, hatten verschiedene Gruppen von Priestern zu bestimmten Zeiten Dienst, wie zum Beispiel auch die Gruppe des Abija. Weil nicht jeder Priester das Rauchopfer darbringen konnte, wurde ausgelost, wer aus der jeweiligen Gruppe dies das nächste Mal tun durfte. Viele Priester hatten ihr ganzes Leben lang nie das Vorrecht, je das Rauchopfer darbringen zu können. Daher war dies für Zacharias ein sehr besonderer Augenblick, an dem darüber hinaus noch etwas sehr Bemerkenswertes geschah.

Uns wird in der Bibel berichtet, dass Zacharias und seine Frau Elisabeth keine Kinder bekommen konnten. Obwohl sie es immer wieder versuchten, wurde Elisabeth nicht schwanger und war inzwischen alt geworden. Trotzdem baten sie Gott nach wie vor um ein Kind. Sie hörten nicht auf zu beten. Jeden Tag, an dem Zacharias im Tempel war, bat er: „Herr, bitte schenke uns doch ein Kind!“

Eines Tages, an einem ganz gewöhnlichen Tag, wurde wie üblich wieder ausgelost, wer das Rauchopfer dieses Mal darbringen durfte. Die Chancen standen vielleicht 1 zu 20000, dass das Los Zacharias treffen würde. Dieser alte Priester hatte schon so viele Auslosungen erlebt, dass er sich wohl keine großen Hoffnungen mehr machte. Dennoch fiel das Los unerwartet auf ihn. Gerade er, Zacharias, war dieses Mal dazu ausersehen, in das Heiligtum hineinzugehen und das Rauchopfer zu entzünden. Das muss etwas ganz Besonderes für ihn gewesen sein! Er hatte sicher schon dreißig, fünfunddreißig Jahre lang auf diesen Augenblick gewartet.

Während der Vorbereitungen hörte Zacharias die Tausenden Anwesenden bereits singen und beten. Das muss man sich einmal vorstellen! Man hört all diese Menschen singen, schreitet auf die große Tür zum Heiligtum zu, hält das Rauchopfer in der Hand, betritt das Heilige und bringt es dort auf dem Altar dar – und plötzlich steht ein Engel vor ihm! Zacharias war sicher ohnehin schon emotional stark ergriffen, doch jetzt steht er auch noch Auge in Auge mit einem strahlend leuchtenden Engel. Der alte Mann wusste gar nicht, wie ihm geschieht. Dann sagte der Engel: „Ich habe eine gute Nachricht für dich, Zacharias. Dein Gebet ist erhört worden! Du wirst einen Sohn bekommen, Johannes. Dieser wird das Kommen des Messias ankündigen.“

Nun würde man meinen, dass Zacharias, ein alter Priester, sicher ein weiser Mann wäre. Die Bibel beschreibt ihn zudem noch als einen frommen Menschen. Bestimmt konnte er sein Glück kaum fassen und würde sich jetzt vor Dankbarkeit fast überschlagen. Aber Pustekuchen! Er reagiert ganz anders: „Ich kann das überhaupt nicht glauben. Wie soll das denn gehen?“ Seine Reaktion auf so etwas Wunderbares, Außergewöhnliches und Überwältigendes ist unfassbar. Zacharias sprach Worte des

Zweifels aus. Er wies die Ankündigung des Engels zurück und bezweifelte, dass ihm das widerfahren könnte. Stattdessen wandte er ein: „Ich bin doch alt und meine Frau ist auch schon alt!"

Der Engel Gabriel gibt ihm eine harte Antwort: „Warum sagst du das? Es ist wohl besser, wenn du eine Weile den Mund hältst." Und dann legt der Engel Zacharias buchstäblich ein Schweigen auf. Zacharias kann für die nächste Zeit kein Wort mehr von sich geben.

Warum hat der Engel das getan? War Zacharias etwa zu redselig und hätte zu viele „Interna" ausgeplaudert? Nein, darum ging es nicht. Der Engel hat ihm vorläufig eine Zeit des Schweigens auferlegt, weil Zacharias seine Worte angezweifelt hatte.

Als der alte Priester anschließend wieder aus dem Tempel ging, starrten ihn alle an. „Was ist geschehen?", fragten sie. Aber Zacharias brachte kein Wort mehr hervor. Er war gezwungen zu schweigen – weil er zweifelte.

Wir wollen das jetzt mit dem Besuch des Engels bei Maria vergleichen. Zacharias wollte so schnell wie möglich ein Kind, aber Maria zweifellos noch nicht. Trotzdem kündigte ihr der Engel an, dass sie schwanger würde. Als er ihr erschien, sagte er: „Du wirst vom Heiligen Geist auf übernatürliche Weise schwanger werden und einen Sohn bekommen. Dieser wird der Messias sein. Er wird auf Davids Thron sitzen und die Nachkommen Jakobs für immer und ewig führen." Das ist auch nicht gerade eine kleine Sache, nicht wahr? Maria hatte zwar das Aufgebot schon bestellt, aber sie war offiziell noch nicht mit Josef verheiratet. Sie war zu diesem Zeitpunkt ungefähr vierzehn oder fünfzehn Jahre alt. Wenn man in diesem Alter unverheiratet schwanger wurde, war das ziemlich übel. Ein schwangerer Teenager war in der damaligen Gesellschaft vollkommen unten durch. Maria konnte sich schon einmal auf ein

*Er war gezwungen zu schweigen – weil er zweifelte.*

schweres Leben einstellen. Doch was noch viel wichtiger war: Wie würde ihr Verlobter wohl jetzt reagieren? Würde er sie jetzt verstoßen? Er hatte schließlich nicht mit ihr geschlafen. Trotzdem würde sie schwanger sein. Josef zählte da sicher nur noch eins und eins zusammen. „Aber ich bin durch Gottes Geist schwanger", würde Maria ihm erklären. „Glaub mir, ich habe mit keinem Mann geschlafen und bin noch Jungfrau, hörst du?" „Alles klar, natürlich Maria", würde Josef dann vermutlich in herablassendem Tonfall erwidern.

Man würde sicher erwarten, dass Maria verunsichert wäre angesichts dieser Aussichten und all dieser beängstigenden Gedanken. Doch lesen wir irgendetwas davon, dass sie dem Engel gegenüber ins Zweifeln geriet? Sagte sie etwa: „Unmöglich! Wie soll das denn gehen?" Nein, ganz im Gegenteil. Sie antwortet dem Engel Gabriel: „Ich will Gott dienen. Möge das geschehen, was du gerade gesagt hast." Maria reagiert im Vertrauen darauf, dass Gott das Beste mit ihr vorhat. Sie gibt die richtige Antwort. Sie besucht kurze Zeit später ihre Cousine Elisabeth. Anstatt aufgebracht, frustriert oder voller Zweifel zu sein, hören wir von ihr nur eine wunderschöne Lobrede, die uns heute als „Magnifikat"[15] bekannt ist. Bei Maria entdecken wir keine Spur von Zweifel oder Angst. Weil Maria ihr Herz und ihre Zunge unter Kontrolle hatte, sie unverzagt war und auf Gott vertraute, können wir das Weihnachtsfest feiern.

*Weil Maria ihr Herz und ihre Zunge unter Kontrolle hatte, sie unverzagt war und auf Gott vertraute, können wir das Weihnachtsfest feiern.*

Wie ging es weiter mit Zacharias? Er und Elisabeth bekamen tatsächlich einen Sohn. Als der Tag der Beschneidung herannahte, musste man ihm einen Namen geben. Jemand schlug

[15] Mit den Worten „Magnificat anima mea Dominum" („Meine Seele preist den Herrn") beginnt auf Lateinisch der Lobgesang Marias, mit dem sie beim Besuch bei Elisabeth auf deren prophetischen Willkommensgruß antwortet.

vor, das Kind nach Zacharias zu benennen. Doch Elisabeth beharrte auf dem Namen „Johannes", worauf man schließlich Zacharias fragte. Nachdem er den Namen „Johannes" geschrieben hatte, konnte er auf einmal wieder sprechen – weil er dieses Mal mit Glauben reagiert hatte!

Wir sehen, welche Bedeutung unsere Worte haben, wenn sie im richtigen Moment im Glauben und Vertrauen ausgesprochen werden. Genau das will uns dieser Abschnitt aus dem Lukasevangelium lehren. Worte gehören zu den wirkungsvollsten Hilfsmitteln im gesamten Universum. Mit unseren Worten preisen wir Gott, leisten Gelübde oder legen Eide ab. Worte spielen eine entscheidende Rolle bei der Gesetzgebung und der Verbreitung von Ideen. Worte sind von solch grundlegender Wichtigkeit sowohl für die Entwicklung eines einzelnen Menschen wie auch für eine ganze Zivilisation. Der griechische Begriff für „Wort" ist *logos*. Der Ausdruck *logos* steht aber nicht nur für „Wort", sondern beinhaltet darüber hinaus eine bestimmte Idee.

*Wir sehen, welche Bedeutung unsere Worte haben, wenn sie im richtigen Moment im Glauben und Vertrauen ausgesprochen werden.*

Allerlei Formen der Wissenschaft enden mit einer Ableitung von *logos* und zwar in Form einer Endung mit einem „ie". Biologie zum Beispiel ist das Studium des Lebens. Das Wort *logos* umfasst daher auch die Überlegung, das Erwägen oder das Studium einer Sache. Johannes beginnt deshalb auch sein Evangelium mit den Worten: *„Am Anfang war das Wort. Das Wort war bei Gott, und das Wort war Gott selbst ... Das Wort wurde Mensch und lebte unter uns"* (Johannes 1,1.14). Die „Weihnachtsgeschichte", wie sie uns Johannes berichtet, handelt also vom *mensch-*

*Was wir Johannes zufolge vor allem über Jesus wissen sollten, ist, dass er die Verkörperung des Wortes Gottes ist.*

*gewordenen* Wort. Was wir Johannes zufolge vor allem über Jesus wissen sollten, ist, dass er die *Verkörperung* des Wortes Gottes ist.

Worte besitzen die Kraft, alles Mögliche zu verändern. Jakobus schreibt in seinem Brief, dass unsere Zunge, das heißt die Art und Weise wie wir reden, unseren ganzen Körper steuert. Er sagt: *„So legen wir zum Beispiel den Pferden das Zaumzeug ins Maul und beherrschen sie damit … Genauso ist es mit unserer Zunge"* (Jakobus 3,3.5). Das bedeutet: Wie Sie in Ihrem Leben reden, bestimmt die Richtung Ihres Lebens! Was Sie sagen oder nicht sagen, hat eine grundlegende Auswirkung auf Ihren Lebensweg. Jakobus vergleicht in demselben Abschnitt unsere Zunge auch noch mit dem Ruder eines Schiffes (s. Verse 4-5). Unser Leben gleicht mitunter einer Reise auf stürmischer See. Das sind meist Zeiten voller Probleme. Doch bedenken wir das Folgende: Den Kurs bestimmen wir in diesen Situationen mit dem Ruder – unserer Zunge. Unsere Worte sind es, die die Richtung vorgeben können. Und dann sagt Jakobus noch etwas Wichtiges. Er spricht davon, wie unsere Worte wie Funken sind, die einen ganzen Waldbrand verursachen können (s. Verse 5-6). Mit einem einzigen Wort kann man das Leben eines Menschen komplett vernichten. Aber ein einziges Wort vermag auch das Leben eines Menschen zu retten und ihn zum Nachdenken zu bringen. Ganze Kriege sind durch ein einziges Wort entfacht und vom Zaun gebrochen worden. Doch ein einziges Wort konnte sie auch wieder beenden und zu Frieden führen. Wir müssen unsere Worte mit Bedacht wählen.

> *Wie Sie in Ihrem Leben reden, bestimmt die Richtung Ihres Lebens! Was Sie sagen oder nicht sagen, hat eine grundlegende Auswirkung auf Ihren Lebensweg.*

Schließlich stellt Jakobus quasi die rhetorische Frage: „Kann aus einer Quelle salziges und süßes Wasser gleichzeitig fließen? Natürlich nicht. Also können gute und verkehrte Worte auch nicht über eine und dieselbe Zunge kommen“ (vgl. Verse 11-12). Was bedeutet das für uns? Wir müssen Menschen sein, die bewusst mit den eigenen Worten umgehen; Menschen, die nachdenken bei dem, was sie sagen. Worte können eine unglaublich richtungsweisende Auswirkung haben. Wenn man Menschen bestimmte Dinge sagt, die sie als Person betreffen, ist die Wahrscheinlichkeit groß, dass sie diese Aussagen für bare Münze nehmen, vor allem dann wenn man dies immer und immer wieder tut.

*Wir müssen Menschen sein, die bewusst mit den eigenen Worten umgehen; Menschen, die nachdenken bei dem, was sie sagen.*

Der Vater eines meiner Klassenkameraden kaufte einmal fünf Nike-Aktien für seinen Sohn. Er hatte sich gar nicht viel dabei gedacht. Mein Schulkamerad hatte auch gar nicht darum gebeten. Doch es dauerte gar nicht lange, bis er von uns den Spitznamen „Wall Street“ bekam. Und jetzt raten Sie einmal, womit er heutzutage seinen Lebensunterhalt verdient? Ganz genau, als Anlageberater! Als er gegen Ende seiner Schulzeit darüber nachdachte, was er werden wollte, dachte er: „Da mich alle sowieso bereits ‚Wall Street‘ nennen, kann ich genauso gut Anlageberater werden.“

Genau so läuft es im Leben. Wenn man positiv mit seinen Worten auf jemanden einwirkt, wird ein solcher Mensch auch eine positive Richtung einschlagen. Doch das gilt auch für den umgekehrten Fall. Ich habe einmal versucht, dies meiner Stiefmutter deutlich zu machen. Sie fand mich schrecklich ungeschickt und sagte mir das auch. Das war ziemlich frustrierend für mich, denn eigentlich bin ich gar nicht so ungeschickt. Doch sobald ich in ihrer Nähe war, stieß ich alle möglichen Dinge um oder fing an zu stolpern. „Siehst du?“, sagte sie dann. Doch damit machte sie alles nur noch schlimmer! Uns muss klar sein, dass Menschen leicht damit anfangen, allmählich das zu glauben, was wir ihnen immer wieder sagen.

Ihre Worte üben großen Einfluss auf das Leben anderer aus, sogar auf das Leben Ihrer Gegner, Feinde oder Konkurrenten. Diese mögen sich vielleicht nichts weiter aus dem machen, was Sie ihnen sagen, dennoch bewirken Ihre Worte etwas. Oder denken Sie einmal an das, was Sie Ihren Kindern, Eltern und Freunden sagen. Sie gehen vielleicht davon aus, diese wüssten bereits, dass Sie sie lieben. Aber haben Sie es ihnen auch schon einmal gesagt? Seien Sie gewiss, dass es etwas ausmacht, *was* Sie Menschen sagen! Natürlich ist es wichtig, seine Liebe zu anderen auch durch die Tat sichtbar zu machen und auszudrücken, doch sollten Sie es dabei nicht belassen. Bringen Sie Ihre Liebe auch durch die Worte, die Sie anderen sagen, zum Ausdruck. Es ist wichtig, den Menschen zum Beispiel zu sagen, dass man ihnen verziehen hat. Achten Sie darauf, wie die Menschen reagieren, wenn Sie Dinge sagen, wie zum Beispiel: „Ich liebe dich", „Ich vergebe dir", „Ich segne dich", „Mich verlangt nach dir", „Ich mag dich" oder „Ich kann ohne dich nicht sein".

Wir leben in einer Zeit, in der Menschen einander die hässlichsten Worte an den Kopf werfen. Sogar Familienmitglieder beschimpfen sich gegenseitig. Vielleicht ist Ihnen auch schon mal der Kragen geplatzt und Sie haben Dinge gesagt, die Sie heute bereuen und wo Sie hoffen, dass die Menschen diese schon längst vergessen haben. Es ist höchste Zeit für eine radikale Kehrtwendung. Ich fordere Sie auf, von nun an die Menschen zu segnen, die Sie vielleicht lieber ausschimpfen würden. Wenn Sie ein kritischer Mensch sind und oft an Umständen und Menschen herumnörgeln, fordere ich Sie heraus: Fangen Sie an, andere durch Ihre Worte aufzubauen und zu ermutigen! Segnen Sie die Menschen! Sprechen Sie liebevolle Worte! Besonders für

*Wie anders würde die Welt doch aussehen, wenn uns bewusst wäre, welchen Einfluss unsere Worte auf das Leben anderer haben?*

Männer ist das eine ziemliche Herausforderung. Aber stellen Sie sich einmal vor: Wie anders würde die Welt doch aussehen, wenn uns bewusst wäre, welchen Einfluss unsere Worte auf das Leben anderer haben?

# TEIL 3

## Leben Sie Ihre göttliche Bestimmung!

Darum sage ich euch: Macht euch keine Sorgen um euren Lebensunterhalt, um Essen, Trinken und Kleidung. Leben bedeutet mehr als Essen und Trinken, und der Mensch ist wichtiger als seine Kleidung. Seht euch die Vögel an! Sie säen nichts, sie ernten nichts und sammeln auch keine Vorräte. Euer Vater im Himmel versorgt sie. Meint ihr nicht, dass ihr ihm viel wichtiger seid? Und wenn ihr euch noch so viel sorgt, könnt ihr doch euer Leben um keinen Augenblick verlängern. Weshalb macht ihr euch so viele Sorgen um eure Kleidung? Seht euch an, wie die Lilien auf den Wiesen blühen! Sie können weder spinnen noch weben. Ich sage euch, selbst König Salomo war in seiner ganzen Herrlichkeit nicht so prächtig gekleidet wie eine dieser Blumen. Wenn Gott sogar das Gras so schön wachsen lässt, das heute auf der Wiese grünt, morgen aber schon verbrannt wird, wie könnte er euch dann vergessen? Vertraut ihr Gott so wenig? Zerbrecht euch also nicht mehr den Kopf mit Fragen wie: ‚Werden wir genug zu essen haben? Und was werden wir trinken? Was sollen wir anziehen?' Mit solchen Dingen beschäftigen sich nur Menschen, die Gott nicht kennen. Euer Vater im Himmel weiß doch genau, dass ihr dies alles braucht. Sorgt euch vor allem um Gottes neue Welt, und lebt nach Gottes Willen! Dann wird er euch mit allem anderen versorgen. Deshalb sorgt euch nicht um morgen – der nächste Tag wird für sich selber sorgen! Es ist doch genug, wenn jeder Tag seine eigenen Lasten hat.

MATTHÄUS 6,25-34

# 14

# Sie brauchen sich selbst nichts zu beweisen

Erinnern Sie sich noch, was ich im neunten Kapitel gesagt habe? Es ging darum, dass wir in dem ständigen Bewusstsein leben sollten, dass Gott mit uns und unserem Leben einen ganz bestimmten Plan verfolgt. In diesem dritten Teil des Buches möchte ich Ihnen dabei helfen, wie Sie dies in Ihrem Leben konkret umsetzen und wie Sie Ihrer göttlichen Bestimmung gemäß leben können.

*„Macht euch keine Sorgen!"* Diese Aufforderung aus der Bergpredigt richtet Jesus an seine Jünger und auch an uns. Es scheint eine schwierige Angelegenheit zu sein, zumal man bei eingehender Betrachtung diese Anweisung irgendwie unfair findet. Es sieht fast schon so aus, als sei dieses Gebot ungerecht. Wie kann Jesus bloß gebieten, nicht länger besorgt zu sein? Sollen wir etwa mit einem Achselzucken unsere Karriere, unsere Arbeitsstelle und unsere Verantwortungsbereiche einfach so über Bord werfen?

Derartige Gedanken rühren daher, dass wir in unserer ergebnisorientierten westlichen Welt unseren Wert gewöhnlich aus dem beziehen, was wir tun, was wir besitzen und aus dem, was die Leute über uns sagen. Daher empfinden wir es geradezu als unfair, wenn wir uns um all das keine Sorgen mehr machen dürfen, weil all diese Dinge mit unserem Selbstwertgefühl zu tun haben. Doch diese Art zu denken hat in Wirklichkeit in uns nur eine Angst geschürt, die uns ständig das Gefühl vermittelt, als hätten wir irgendwie kein Zuhause und keine Heimat. Es scheint so, als ob wir nie unsere Bestimmung erreichen würden.

Ich arbeite viel mit jungen Menschen zusammen, die gerade ihr Studium beendet haben. Sie fragen sich dann immer, was sie mit ihrem Leben anfangen sollen. Ich denke, dass diese Frage nicht automatisch verschwindet, wenn man älter wird. Außerdem betrifft sie jeden von uns. Wir alle stellen uns die Frage: „Was soll ich mit meinem Leben machen? Was ist das Ziel und die Bestimmung meines Lebens? Was sollte ich erreichen?" Jeder von uns trägt den Wunsch und die Sehnsucht in sich, etwas Großartiges leisten zu wollen. Dieses Verlangen, etwas Sinnvolles zu tun, verstärkt unsere geistliche Heimatlosigkeit jedoch nur, denn je länger es dauert, bis wir etwas Gewaltiges oder Bedeutsames leisten, desto stärker wird das Gefühl, sich als Versager zu fühlen. Vielleicht wird es uns nie gelingen. Diese Furcht und Angst wird immer größer, genau wie das heimatlose Gefühl in uns.

> *Je länger es dauert, bevor wir etwas Gewaltiges leisten, umso stärker wird das Gefühl, dass wir darin versagen.*

Doch was würde Jesus auf die Frage antworten, wenn wir ihn fragten, was wir tun sollten?

„Komm heim zu mir!", würde die Antwort lauten.

Sicher überrascht uns diese Antwort. Sie ist nicht gerade das, was wir erwarten. Uns geht es doch um die Frage: Was soll ich mit meinem Leben anfangen?

Doch Jesus würde nach wie vor antworten: „Komm heim zu mir!"

Wie kann das aber eine Antwort auf unsere Frage sein? Wir wollen doch wissen, welcher Arbeit wir nachgehen, in welcher Stadt wir studieren oder welcher Aufgabe wir uns in unserem Leben widmen sollten. Trotzdem bin ich fest davon überzeugt, dass Jesus auf all diese Fragen nur antworten würde: „Mach, was du willst, aber komm einfach heim zu mir."

Wir können das nur schwer begreifen. Es klingt so sonderbar und wir meinen, dass die Antwort von Jesus irgendwie an unserer eigentlichen Frage vorbeizielt.

Doch sehen Sie es mal von dieser Seite: egal ob ich nun in Amerika bin oder im Ausland, ich stehe immer unter dem Druck, gewisse Dinge richtig machen zu müssen. Ich muss mein Leben auf eine bestimmte Art und Weise führen und mich richtig verhalten. Für Sie mag das heißen, dass Sie sich für Ihre Arbeit auf bestimmte Weise kleiden, ein teures Auto fahren oder mit Ihrem Auftreten Menschen beeindrucken müssen, die Sie vielleicht nicht einmal leiden können. Verstehen Sie? Mit der Zeit wird man allmählich ein Sklave dieses unaufhörlichen Zwangs, andere beeindrucken zu müssen. Wenn man dann jedoch nach Hause kommt, fällt das alles von einem ab.

Nehmen wir einmal an, ich wäre eine reiche, erfolgreiche und einflussreiche Person. Eines Tages würde ich dann in einem teuren Anzug und mit einem dicken Auto meinen Eltern einen Besuch abstatten und mich wie ein VIP[16] aufführen. Das wäre doch eine befremdliche Sache, oder? „Du bist hier zu Hause, also benimm dich auch so", würde meine Mutter wohl sagen. Sie würde mir meine Anzugjacke nehmen und mir einen selbst gestrickten Schlabberpullover reichen. Und vermutlich würde sie mir etwas Leckeres zubereiten und mich zu Tisch bitten, sobald ich meine Kleider gewechselt habe. Mein Vater käme auf mich zu und würde mir sicher auf die Schulter klopfen. Wir würden uns vielleicht ein bisschen über Sport unterhalten. Sehen Sie, der Zwang, Eindruck bei anderen schinden zu müssen, verschwindet augenblicklich, wenn man zu Hause ist. All diese künstliche Eitelkeit, dieser Zwang, anderen imponieren zu müssen und dieses aufgesetzte Verhalten, um sich irgendjemandes Gunst oder Liebe zu sichern, verschwinden auf der Stelle, sobald man sich daheim im Kreis seiner Familie befindet.

Ich glaube, dass viele in geistlicher Hinsicht schon seit sehr langer Zeit nicht mehr zu Hause gewesen sind. Wir sind ständig auf der Suche nach einer neuen Arbeitsstelle, jagen dem nächs-

[16] Very Important Person (abgekürzt VIP.) ist eine Person, der aufgrund ihres sozialen Status besondere Privilegien oder Bedeutung beigemessen werden.

ten Ereignis nach und stecken uns das nächste Ziel, das wir erreichen müssen. Nie verspüren wir dabei inneren Frieden und innere Ruhe. „Soll ich eine Stiftung gründen oder ein eigenes Unternehmen aufbauen?" Glauben Sie es oder nicht, aber Gott ist das relativ egal. Was Gott vor allem möchte, ist, dass Sie endlich nach Hause kommen und sich bei ihm wohl und sicher fühlen.

*Was Gott vor allem möchte, ist, dass Sie endlich nach Hause kommen und sich bei ihm wohl und sicher fühlen.*

Damit haben wir im Westen jedoch große Mühe. Wir meinen immer, wir müssten erst irgendwelche Dinge auf die Beine stellen, vielleicht in irgendeiner Form missionarisch aktiv werden und viel Gutes tun. Ist das falsch? Ganz im Gegenteil! Doch müssen wir wissen, dass es Gott bei alledem mehr darum geht, wer wir sind als darum, was wir zustande bringen. Gott sucht nämlich Menschen mit Risikobereitschaft, Glauben, Liebe und gutem Charakter, die sich für das einsetzen, was Gott möchte. Aber er will keine Menschen, die nur den nächsten Punkt auf ihrer vermeintlichen Aufgabenliste abhaken wollen. Er will, dass Sie nach Hause kommen.

Dieses Prinzip können wir immer wieder in der Bibel entdecken. Denken wir nur einmal an Simson. Simson bekam von Gott eine ungeheure Kraft, die aber gewissermaßen an einem seidenen Faden hing. Würde Simson seine Haare schneiden – das Zeichen, dass er sein Leben Gott geweiht hat –, würde er dadurch unverzüglich seine Kraft verlieren. Möchte Gott nicht, dass Simson noch mehr Siege für ihn aus eigener Kraft verbucht? Möchte er nicht, dass sich Simson als Richter für Gerechtigkeit einsetzt? Nein. Gott will, dass Simon langes Haar hat.

Ein anderes Beispiel finden wir bei Mose. Anstatt zum Felsen zu sprechen, schlägt Mose auf den Felsen. Das scheint eine Bagatelle zu sein. Gott hatte ihm jedoch in dieser Situation die genaue Anweisung gegeben, zum Felsen zu *sprechen*. Doch Mose ist verärgert, schlägt auf den Felsen und darf infolge dessen nicht mehr ins Gelobte Land. Aber möchte Gott denn nicht, dass Mose das Volk in das Gelobte Land führt, um es in Besitz zu nehmen? Möchte Gott denn nicht, dass mit Israel eine neue Nation entsteht? Ist Mose denn nicht Gottes großer Anführer? Nein, Gott will nicht, dass Mose auf den Felsen schlägt, sondern dass er nach Hause kommt, um bei ihm zu sein.

Ein weiteres Beispiel ist David. Gott wollte, dass ein Tempel für ihn gebaut wird. David würde ihn bauen. Doch dann schickte David den Ehemann von Bathseba, mit der er eine Affäre hatte, mit einem Himmelfahrtskommando zur Front, um ihn aus dem Weg zu räumen. Eine schreckliche Handlung. Daraufhin sagte Gott: „Der Bau meines Tempels kann warten, bis die richtige Person dafür gekommen ist." Aber stand der Tempel denn nicht ganz oben auf Gottes Prioritätenliste? Nein.

Die richtigen Menschen zu haben ist Gottes Plan. Darum geht es ihm. Es ist ihm wichtig, was für Menschen wir sind. Er will Menschen, die ständig in seinem Haus bleiben und bei ihm zu Hause sind. Was Gott nicht möchte sind Menschen, die erst einen Missionsdienst oder ein Unternehmen gründen müssen oder ihre Arbeit brauchen, um der Welt zu beweisen, dass sie etwas Besonderes sind. Vielmehr sind es solche Menschen, die wissen, dass man auch ohne diese Dinge für Gott von unschätzbarem Wert ist, selbst wenn man arm, einsam, verzweifelt oder körperlich behindert ist. Gott will Menschen, die sich nicht erst beweisen müssen. Gott will, dass Menschen bei ihm zu Hause sind. Er wünscht sich Söhne und Töchter. Er möchte, dass wir heimkommen zu ihm, in seiner Liebe leben, schnell die Schuhe ausziehen und anfangen zu entspannen. Gott will nicht, dass wir ständig mit der Sorge beschäftigt sind: „Was soll ich essen? Was soll ich bloß tun und was soll ich anziehen?" Das ist kein Leben.

Sie sollten sich an dieser Stelle die Geschichte von Jona in Erinnerung rufen. Jona wurde von Gott berufen. Gott hatte Jona einen ganz bestimmten Auftrag gegeben, aber Jona lief davon und entzog sich diesem. Doch Gott holte ihn zurück. Ich sage Ihnen eins: Wenn Gott Sie zu irgendetwas beruft, werden Sie es letztlich auch tun. Auf irgendeine Weise wird er Sie dazu kriegen, das zu tun, was er will. Das sehen wir deutlich bei Jona. Dieses Wissen sollte Sie ruhig machen. Letztlich kann man dem nicht entgehen, was Gott einem aufträgt zu tun. Sie können sich dem nicht entziehen. Es wird einen verfolgen. Es ist der Plan Gottes und es sind seine Ziele. Er wird Sie einholen und Sie können ihm nicht entkommen.

*Wenn Gott Sie zu irgendetwas beruft, werden Sie es letztlich auch tun.*

Das Wissen, dass es Gott darum geht, was wir für Menschen sind, sollte uns innerlich ruhig und gelassen machen. Gott möchte, dass wir bei ihm zu Hause sind und nicht, dass wir erst eine große Aufgabe brauchen, um daraus unser Selbstwertgefühl zu ziehen oder aus dem, was wir besitzen oder am Körper tragen. Er möchte Menschen, die nicht ständig nach neuen Zielen streben, sondern die ganz einfach bei ihm zu Hause sind.

Gerade diese Tatsache bietet uns allen Grund zur Hoffnung. Wenn Sie ein solcher Mensch sind, der mit einem zerbrochenen Herzen und mit Tränen in den Augen verzweifelt nach einem Ziel im Leben gesucht hat, der jetzt kapituliert und sagt: „Ich gebe auf. Ich brauche mir kein weiteres Lebensziel stecken. Ich brauche keine supertolle Arbeitsstelle, um irgendetwas oder irgendjemandem etwas beweisen zu müssen. Ich bin glücklich, ob ich nun eine Arbeit habe oder nicht; ob man mich nun besonders mag oder nicht; ob ich tolle Klamotten trage oder nicht; ob ich berühmt bin oder nicht. Es ist mir egal, denn jetzt bin ich bei dir zu Hause, Gott. Ich ziehe die Schuhe aus und mache es mir bei dir gemütlich", dann wird Gott Ihnen antworten: „Begreifst du es jetzt? Genau darum geht es mir die ganze Zeit. Das ist es, was ich mir für dich vorgestellt habe." In diesem Augenblick sind Sie zu der Art Mensch geworden, dem er eine Aufgabe anvertrauen kann.

Ganz zu Anfang sollte daher folgende Frage in unserem Leben stehen: Was genau für ein Mensch bin ich hier in dieser Welt? Wie sieht es in meinem tiefsten Inneren aus? Ich betone es gerne noch einmal und sage Ihnen, dass Ihr Leben aufs Engste mit der Welt um Sie her verbunden ist. Es sind oft gerade die kleinen, unscheinbaren Dinge, die einen großen Einfluss auf Ihre Umwelt ausüben. Darum sage ich Ihnen: Die Berufung und das Ziel Ihres Lebens besteht darin, Jesus immer ähnlicher zu werden. Sie brauchen nicht immer erst einen gewaltigen Plan für alles haben. Ganz gleich wo Sie sich auch befinden mögen – ob Sie nun in einem Gefängnis sitzen oder sich einsam auf einer Insel befinden –, Sie brauchen keine große Aufgabe, Sie müssen nicht gleich diverse Zukunftspläne schmieden und dem nächsten Ziel nachjagen, um Ihren Selbstwert zu finden. Seien Sie einfach, wie Sie sind. Das ist gut so. Dann sind Sie zu Hause bei Gott.

*Die Berufung und das Ziel Ihres Lebens besteht darin, Jesus immer ähnlicher zu werden.*

Daher könnte zu Anfang ein Gebet wie dieses stehen: „Vater, mach mich mutig im Leben. Mach mich zu einem tugendhaften Menschen mit einem guten Charakter. Hilf mir, andere zu ermutigen. Vater, lass mich bei dir sein und ständig in deiner Liebe bleiben."

Sie werden erfahren, wie sich dann eins ums andere ergibt und sich zusammenfügt. Da wir gerne messbare Ergebnisse haben möchten, wird uns das nicht immer leichtfallen. Aber Gott achtet darauf, *was* für ein Mensch Sie sind. Er glaubt, dass Sie sich ändern können und er möchte Sie auch verändern. Erst dann möchte er die Welt verändern.

Einige der Pharisäer meinten: „Von Gott kann dieser Mann nicht kommen, denn er hält sich nicht an die Sabbatgebote." Andere aber wandten ein: „Wie kann ein sündiger Mensch solche Taten vollbringen?" So gingen ihre Meinungen auseinander. Dann erkundigten sich die Pharisäer noch einmal bei dem Mann, der blind gewesen war: „Durch ihn kannst du jetzt also sehen? Was meinst denn du, wer dieser Mann ist?" „Er ist ein von Gott gesandter Prophet", antwortete er. Doch die Pharisäer wollten nicht glauben, dass er überhaupt blind gewesen war. Sie ließen deshalb seine Eltern holen und verhörten sie: „Ist das euer Sohn? Stimmt es, dass er von Geburt an blind war? Wie kommt es, dass er jetzt sehen kann?" Die Eltern antworteten: „Ja, das ist unser Sohn, und er war von Geburt an blind. Das wissen wir genau. Aber wie es kommt, dass er sehen kann, wissen wir nicht. Wir haben auch keine Ahnung, wer ihn geheilt hat. Fragt ihn doch selbst! Er ist alt genug und kann euch am besten Auskunft geben." Diese ausweichende Antwort gaben die Eltern, weil sie vor den führenden Männern der Juden Angst hatten. Denn die hatten beschlossen, jeden aus der Synagoge auszuschließen, der Jesus als den versprochenen Retter anerkannte. Nur deshalb hatten die Eltern gesagt: „Er ist alt genug. Fragt ihn selbst." Die Pharisäer verhörten den Geheilten zum zweiten Mal. Sie versuchten, ihn einzuschüchtern: „Bekenne dich zu Gott, und sag die Wahrheit! Wir wissen, dass dieser Jesus ein sündiger Mensch ist." „Ob er ein Sünder ist oder nicht, das weiß ich nicht", antwortete der Mann. „Ich weiß nur eins: Ich war blind, und jetzt kann ich sehen!" „Aber was hat er denn gemacht? Wie hat er dich geheilt?", versuchten sie erneut herauszubekommen. Verärgert erwiderte der Mann: „Das habe ich euch doch schon gesagt, habt ihr nicht zugehört? Warum soll ich alles noch einmal erzählen? Wollt ihr etwa auch seine Jünger werden?" Da wurden sie zornig und schrien ihn an: „*Du* bist sein Jünger! *Wir* sind Moses Jünger. Von Mose wissen wir, dass Gott zu ihm geredet hat. Aber von diesem Menschen wissen wir noch nicht einmal, wo er herkommt." „Das ist ja merkwürdig!", entgegnete der Mann. „Er hat mich von meiner Blindheit geheilt, und ihr wisst nicht, woher er kommt? Wir wissen doch alle, dass Gott die Gebete der Sünder nicht erhört. Aber wer nach seinem Willen lebt, den erhört er. Noch nie, seit die Welt besteht, hat jemand einem von Geburt an Blinden das Augenlicht geschenkt. Wenn dieser Mann nicht von Gott käme, könnte er das doch gar nicht tun." Wütend schrien sie ihn an: „Du bist doch schon von Geburt an ein Sünder und willst uns belehren?" Dann schlossen sie ihn aus der jüdischen Gemeinschaft aus.

JOHANNES 9,16-34

# 15

## Blinder Fanatismus

In diesem Kapitel werde ich ein großes Problem ansprechen, mit dem wir vor allem in der westlichen Welt häufig zu tun haben. Ich meine unser „religiöses Reisegepäck", das wir alle mehr oder weniger mit uns herumschleppen. Viele Menschen tragen diese Last ständig mit sich rum, die Ihnen von Pfarrern, Predigern, Pastoren oder irgendwelchen religiösen, eifrigen Menschen aufgebürdet wurden, die meinen, darüber bestimmen zu können, wie alles innerhalb einer bestimmten Glaubensgemeinschaft, Kirche oder Gemeinde auszusehen habe.

Ich muss ehrlicherweise zugeben, dass keine Kirche oder Gemeinde vollkommen ist und wir als Christen oft versagen. Eine Kirchengemeinde besteht immer aus Sündern – aus Menschen, die auch Fehler machen. Und zu unserem Leidwesen geschieht es mitunter, dass wir von anderen Christen und religiösen Menschen verletzt oder gar fertiggemacht werden. Wenn das geschieht, meinen wir fälschlicherweise, dass uns diese Menschen immer absichtlich und ganz bewusst verurteilen oder verletzen. Und dann passiert es schnell, dass wir unbewusst von diesen „Männern Gottes" oder „Frauen Gottes" auf Gott selbst schließen und ihm letztendlich die Schuld für all diese Verletzungen geben. Wunden, die uns aus religiösen Gründen geschlagen werden, können schrecklich sein und furchtbar schmerzen, vor allem dann, wenn wir der Meinung sind, dass Gott hinter allem steckt. Immer wieder treffe ich auf tief verletzte Menschen mit solchen seelischen Wunden. Doch es gibt ein Heilmittel für diese Wunden! Wir finden es in unserem Text, der diesem Kapitel vorangestellt ist.

Zur Zeit Jesus glaubten die Pharisäer und Rabbiner, dass körperliche Behinderungen, Krankheiten oder andere Formen von

Leid entweder die Folge eigener Sünde oder die der Eltern war. Diese religiösen Führer gingen davon aus, dass man in einem solchen Fall verflucht war. Da sie davon überzeugt waren, dass Gott über alle Dinge in diesem Universum bestimmt, konnte es ihrer Meinung nach gar nicht anders sein, als dass es letztlich der Wille Gottes war, wenn jemand krank war oder Schmerzen hatte. Aus diesem Grund durften Kranke, Blinde oder Gelähmte gewöhnlich auch nicht in die Synagoge hinein. Sie waren schließlich Sünder!

Sie können sich jetzt sicher vorstellen, was es bedeutete, damals blind geboren zu werden. Solche Menschen waren dringend auf die Hilfe ihrer Mitmenschen angewiesen, die sie liebten und ihnen helfen würden. Doch in der damaligen Gesellschaft erhielten solche Menschen keinerlei Hilfe oder Unterstützung. Und nicht nur das – man behandelte sie wie Aussätzige. So erging es dem Mann in unserem Text.

Als der Blinde dasaß und bettelte, fragten die Jünger Jesus: *„... wer ist schuld daran, dass dieser Mann blind ist? Hat er selbst Schuld auf sich geladen oder seine Eltern? ‚Weder noch', antwortete Jesus. ‚Vielmehr soll an ihm die Macht Gottes sichtbar werden'"* (Johannes 9,2-3). Was ist das nur für eine sonderbare Antwort?

Danach spie Jesus auf den Boden und vermischte die Erde mit dem Speichel zu einem Brei. Das war bemerkenswert, da es gerade ein Sabbat war, an dem er dies tat. Wir müssen wissen, dass der Sabbat allerlei Einschränkungen unterlag. Man durfte nicht auf den Boden spucken! Man durfte auch kein Tier retten. Man durfte fast überhaupt nichts tun. Heute halten übrigens die Aufzüge am Sabbat in den Hotels in Israel automatisch in jedem Stockwerk. So muss man keinen Knopf drücken, denn das wäre religiös gesehen bedenklich. So etwas zu tun, wie zum Beispiel einen Knopf zu drücken, käme dem gewöhnlichen Arbeiten gleich!

Jesus hätte natürlich auch zu dem Blinden sagen können: „Sei geheilt!" Doch mit voller Absicht entschloss er sich, auf den

Boden zu spucken, etwas Erde zu nehmen, daraus einen Brei zu mischen und diesen dem Blinden auf die Augen zu schmieren. Dann wies Jesus ihn auch noch an, seine Augen im Teich von Siloah[17] zu waschen – und all das tat er direkt vor den Augen der führenden, religiösen Leiter des Volkes.

Eins ums andere Mal tat Jesus Dinge, die man am Sabbat nicht tun durfte. Die Augen waschen durfte der Blinde im Grunde genommen nicht und so brachte Jesus auch ihn in eine Bredouille. Dieser musste sich nun entscheiden, ob er geheilt werden oder sich an die gängigen religiösen Vorschriften halten wollte. Er entschied sich für Ersteres und begab sich zum Teich von Siloah. Stellen Sie sich einmal genau vor, wie dieser Blinde etwas Wasser schöpft und anfängt, den Brei von seinen Augenlidern abzuspülen. Dieser Mann hatte noch nie etwas in seinem Leben gesehen – weder die Farbe Blau, noch die Sonne, noch das Gesicht seiner Mutter. Doch auf einmal sieht er zum ersten Mal Licht und Farben. Er sieht den Teich und das Wasser. Er schaut sich um und sieht überall Menschen. „Gott sei Dank!", jubelt er voller Begeisterung. „Ich kann sehen!"

Dann kam ihm ein ganz neuer Gedanke: „Weil ich sehen kann, bin ich folglich auch kein Sünder und Ausgestoßener mehr!" Er braucht nicht länger zu betteln. Er konnte jetzt auch irgendeine Arbeit suchen, sich mit Menschen anfreunden oder sogar heiraten. Er konnte nicht nur auf einmal sehen, sondern sein ganzes Leben hatte sich dadurch geändert.

Man kann sich förmlich vorstellen, wie sich der Geheilte auf den Weg zur Synagoge machte. Er flog förmlich dahin, schob die Leute unsanft zur Seite und rannte sie in seiner Eile fast über den Haufen, um sich endlich den Pharisäern zu zeigen. Sie sollten sehen, dass er ein komplett anderer Mensch geworden war.

Kaum war er bei ihnen angelangt, rief er ihnen auch schon entgegen: „Schaut doch einmal her! Ich bin geheilt worden. Ich

[17] Der Teich von Siloah ist ein Teich in Jerusalem, in den das Wasser der Gihonquelle geleitet wurde und der die Wasserversorgung Jerusalems sicherstellte.

kann alles sehen. Ich kann jetzt heiraten, in den Tempel gehen und mit anderen die Thora erforschen." Doch wie sieht deren Reaktion aus? „Wie ist das passiert und wer hat dich geheilt?"

Es ist kaum zu glauben: Da sehen sie mit eigenen Augen, dass gerade ein unglaubliches Wunder geschehen ist und alles, was sie sagen, ist: „Wer hat dich geheilt? Garantiert dieser Jesus!" Anfänglich glaubten sie noch nicht einmal, dass dieser Mann, der gerade vor ihnen stand, wirklich jener Blinde war, von dem sie wussten. Können Sie sich vorstellen, wie dieser Mann sich gefühlt haben muss? Sie freuen sich riesig darauf, dass Sie nun endlich akzeptiert und geliebt werden, und dann werden Sie eiskalt abserviert.

Der Mann antwortete: „Ja, es war tatsächlich Jesus."

Und prompt kommen sie mit der nächsten Frage: „Wer ist Jesus deiner Meinung nach?"

Dadurch gerät er aufs Neue in eine Zwickmühle. Wenn er sagen würde, dass Jesus ein Sünder und ein falscher Prophet sei, würde er von den Pharisäern akzeptiert werden. Er würde in die Synagogengemeinschaft aufgenommen, könnte eine Arbeit suchen und heiraten. Doch wenn er behaupten würde, Jesus wäre von Gott gesandt, wäre er für den Rest seines Lebens bei den anderen untendurch. Von dem schönen Leben, das er sich gerade ausmalte, konnte er sich dann gleich wieder verabschieden.

Der von seiner Blindheit geheilte Mann dachte eine Weile nach, schaute sie schließlich mit festem Blick an und sagte: „Er ist ein Prophet."

„Du lügst!", schleuderten ihm die Pharisäer wütend entgegen. „Raus mit der Sprache, wer hat dich geheilt?"

„Das habe ich euch doch schon gesagt!", gab er zur Antwort.

Den Pharisäern wollte das nicht einleuchten. Jesus hatte am Sabbat einen Brei gemacht. Das war eine Sünde. Doch kein Sünder kann Menschen heilen. „Das kann gar nicht sein", sagten sie. „Der Mann ist ein Sünder!"

In diesem Augenblick öffnen sich die Augen des Mannes erst richtig. Ich meine damit, dass nun auch die Augen seines Herzens anfangen zu sehen. Plötzlich erkennt er, dass er sein Leben lang von der Religion nur manipuliert wurde. Es ist einzig den Pharisäern zuzuschreiben, dass er ständig betteln musste.

Dann zeigte sich, wie schlagfertig er war, als er die Pharisäer fragte: „Wieso? Wollt ihr ihm etwa auch nachfolgen und von ihm lernen?“

*Plötzlich erkennt er, dass er sein Leben lang von der Religion nur manipuliert wurde.*

Daraufhin schleudern ihm die Pharisäer alle möglichen Verwünschungen an den Kopf, stießen ihn aus der Synagoge und warfen hinter ihm die Tür ins Schloss. Nun hatte man ihn schon wieder ausgestoßen. „Das kann doch alles nicht wahr sein?“, muss er gedacht haben. Da war er nun – wieder einmal auf sich selbst gestellt und von den eigenen Volksgenossen verstoßen.

Doch Gott sei Dank konnte er sehen. Und *wie* er sehen konnte! Das Leben dieser Männer war nie und nimmer auf Gott ausgerichtet gewesen. Sie mögen ja die richtige Religion oder den richtigen Glauben gehabt haben und waren ja auch gläubige Juden, doch keinesfalls stand ihr Leben in der rechten Beziehung zu Gott.

Schließlich kam Jesus zu ihm und tröstete ihn. Er fragte ihn: „Glaubst du an den Menschensohn?“

„Wer ist das?“, erkundigt sich der Geheilte.

„Du schaust ihn gerade an und sprichst mit ihm!“

„Ja, ich glaube, Herr“, sagte der Mann und beugte sich vor Jesus nieder.

Jesus lehrt uns, dass wir Menschen nicht richten und verurteilen sollen. Vielmehr sollten wir liebevoll, fürsorglich, gut und freundlich mit anderen umgehen. Jesus hingegen hat sehr wohl das Recht, ein Urteil zu fällen. Über wen spricht Jesus das Urteil? Über Menschen wie mich, das heißt über religiöse Lehrer, Rabbiner, Pharisäer und so weiter. Pastoren wie ich sind Jesus gegenüber besonders verantwortlich. Überall auf dieser Welt benutzen geistliche Leiter ihre Kanzel nämlich oft dazu, um Menschen zu verurteilen, zu verletzen und sie zusammenzustauchen, damit sie sich selbst dabei stolz, fromm und gut fühlen. Doch Jesus nennt solche Leiter Heuchler. Er fordert sie auf, von der Kanzel herunterzusteigen und verkündet ihnen das Urteil: „Das Königreich ist nicht für dich, sondern für Menschen mit einem zerbrochenen Herzen. Es ist für diejenigen, die Schmerzen haben, blind, krank oder schwach sind oder auf andere Art leiden."

> *Jesus lehrt uns, dass wir Menschen nicht richten und verurteilen sollen. Vielmehr sollten wir liebevoll, fürsorglich, gut und freundlich mit anderen umgehen.*
> Bobby

Ich selbst habe auch schon solche Erfahrungen machen müssen und habe durch andere geistliche Leiter Leid erfahren. Gerade deshalb hat mich Gott und viele andere gewissenhafte Leiter als Prediger berufen und uns eine Aufgabe gegeben: Wir müssen den Menschen sagen, dass es nicht Gottes Wille ist, dass wir niedergeschlagen einhergehen und unter all den auferlegten Regeln und Vorschriften leiden. Es geht nicht um den Buchstaben, sondern um den Geist des Gesetzes. Es geht darum, dass wir alle Gottes Liebe persönlich erfahren.

> *Es geht darum, dass wir alle Gottes Liebe persönlich erfahren.*
> Bobby

Ich bin sogar davon überzeugt, dass wir Freunde Gottes sein dürfen. Wenn wir davon reden, „Gott zu lieben" oder dergleichen, vergessen wir leicht zwischen Gott und all dem zu unterscheiden, was mit ihm zu tun hat. Ich denke, dass viele, die vorgeben, Christen zu sein oder behaupten Gott zu lieben, in Wirklichkeit nicht Freunde, sondern nur Fans von Gott sind.

Ein Fan ist ein interessantes Phänomen. Man kann beispielsweise Fan eines herausragenden Fußballspielers sein. Ein Fan verfolgt jedes Spiel seines Stars und weiß alles über ihn. Er weiß, wie viele Tore er geschossen, welche Rückennummer sein Trikot oder welche Ausbildung er gemacht hat. Er weiß, welchen Spitznamen ihm seine Mitspieler gegeben haben und in welchen Vereinen er gespielt hat. Ein echter Fan weiß einfach alles über sein Idol. Doch kennt man diese Person damit auch wirklich?

Ich will Ihnen dafür ein Beispiel geben. Ich wurde einmal von jemandem bezüglich des genauen Geburtsdatums meines Opas korrigiert. Dieser Mann war nämlich ein Fan von ihm! Ich hatte gesagt, dass mein Opa am 15. September Geburtstag habe. Doch dieser Mann wusste mit absoluter Bestimmtheit, dass es der 16. sei. Verstehen Sie, worauf ich hinauswill? Natürlich bedankte ich mich für den Hinweis, aber es ist so, dass dieser Mensch meinem Opa noch nie persönlich begegnet war. Bedeutet nun die Tatsache, dass er sogar das genaue Geburtsdatum wusste und ich mich irrte, dass er folglich meinem Großvater näher stand als ich? Mitnichten! Ich war mit meinem Opa angeln gewesen. Wir saßen da in unseren Badehosen, plauderten miteinander und tranken gemeinsam Kaffee. Nun frage ich Sie: Wer von uns beiden kennt Dr. Schuller wirklich? Ich weiß, dass ich sein Freund bin, aber das bedeutet nicht, dass ich alles über ihn weiß. Sie mögen vielleicht erstaunt darüber sein, dass ich lediglich ein einziges Buch von meinem Großvater gelesen habe. Doch bin ich ihm dadurch nun weniger nahe, als hätte ich alle seine Bücher gelesen?

*Gott zu kennen hat in erster Linie mit einer persönlichen Beziehung, Freundschaft und einer tiefen Verbundenheit mit ihm zu tun.*

Genau das ist der Punkt! Viele Christen sind einfach nur Fans von Gott. Sie meinen, alles über ihn zu wissen und halten ihr Bibelwissen für die größte Sache auf Erden. Natürlich wäre das eine tolle Sache, wenn man aufgrund der Bibel eine vollkommene Beschreibung von Gottes Wesen geben könnte. Doch bedeutet das gleichzeitig auch, dass man Gott von Herzen liebt? Nein, nicht unbedingt. Daher meine ich, wir täten gut daran, hier sorgfältiger zu unterscheiden. Man kann Gott „kennen", wie man das genaue Datum meines Großvaters kennt. Doch das ist nun wahrlich nicht das, was es heißt, einen Menschen wirklich gut zu kennen. Gott zu kennen hat in erster Linie mit einer persönlichen Beziehung, Freundschaft und einer tiefen Verbundenheit mit ihm zu tun.

Bestimmte Fans treiben es auch manchmal zu weit. In ihrem Fanatismus bedrängen sie ihr Idol, folgen ihm auf Schritt und Tritt und verfolgen wie ein Paparazzo aufmerksam jede Einzelheit im Leben ihres Stars. Das richtet mitunter viel Schaden an. In gleicher Weise gibt es auch Menschen, die in ihrem Fanatismus der Sache Gottes viel Schaden zufügen. Nehmen wir zum Beispiel die Kreuzzüge. Diese waren nicht das Werk von wirklichen Freunden Gottes, sondern von wilden Fanatikern. Die Inquisition im Mittelalter wurde von blinden Fanatikern betrieben und nicht von solchen, die Gott kannten oder gar eine tiefe Beziehung zu ihm hatten.

Wie ist das bei Ihnen? Müsste man ihre Verletzung nicht auch eher einem fanatischen Christen zuschreiben, der Gott offensichtlich gar nicht wirklich kennt, anstatt Gott dafür verantwortlich zu machen? Ein Freund Gottes weiß, dass Gott Liebe ist und dass er von ganzem Herzen seine Kinder liebt. Seine Liebe für uns ist unermesslich.

Gott hat uns berufen, ihn innig zu lieben. Das ist Ihre Bestimmung! Ihre Berufung besteht darin, eine enge Beziehung mit ihm einzugehen und ihn immer mehr und tiefer kennenzulernen. Und das ist vielmehr eine Sache des Herzens als des Kopfes. Vielleicht wurden Sie von Menschen verletzt, die in ihrem Fanatismus für Gott zu weit gingen in einer Kirche oder Gemeinde, zu der Sie früher gehörten. Darf ich Ihnen an dieser Stelle einen Rat geben? Suchen Sie sich einen wirklichen Freund Gottes, um mit ihm darüber zu reden. Lassen Sie sich durch diesen Menschen segnen und ermutigen. Lernen Sie von ihm, dass Gott nicht so ist wie jene Fanatiker. Er liebt Sie und möchte Sie gerne gebrauchen. Er hat einen Plan für Ihr Leben. Leben Sie diesen Plan! Lassen Sie sich nicht durch irgendwelche christlichen Fanatiker davon abhalten. Sie sind sein Sohn oder seine Tochter. Glauben Sie mir, Gott liebt Sie von ganzem Herzen.

Meine Freunde! Lasst uns einander lieben, denn die Liebe kommt von Gott. Wer liebt, ist ein Kind Gottes und kennt Gott. Wer aber nicht liebt, der weiß nichts von Gott; denn Gott ist Liebe. Gottes Liebe zu uns ist für alle sichtbar geworden, als er seinen einzigen Sohn in die Welt sandte, damit wir durch ihn leben können. Das Einzigartige an dieser Liebe ist: Nicht wir haben Gott geliebt, sondern er hat uns seine Liebe geschenkt. Er gab uns seinen Sohn, der alle Schuld auf sich nahm, um uns von unserer Schuld freizusprechen. Meine Freunde, wenn uns Gott so sehr liebt, dann müssen auch wir einander lieben. Niemand hat Gott jemals gesehen. Doch wenn wir einander lieben, bleibt Gott in uns und seine Liebe erfüllt uns ganz. Ich sage es noch einmal: Dass wir mit Gott verbunden bleiben und er mit uns, wissen wir, weil er uns seinen Geist gegeben hat. Wir haben es selbst erlebt, und darum bezeugen wir: Gott, der Vater, hat seinen Sohn in diese Welt gesandt, um sie zu retten. Wer bekennt, dass Jesus der Sohn Gottes ist, der bleibt in Gott und Gott in ihm. Das haben wir erkannt, und wir vertrauen fest auf Gottes Liebe. Gott ist Liebe, und wer in dieser Liebe bleibt, der bleibt in Gott und Gott in ihm. Wenn Gottes Liebe uns ganz erfüllt, können wir dem Tag des Gerichts voller Zuversicht entgegengehen. Denn wir leben in dieser Welt so, wie Christus es getan hat. Wirkliche Liebe ist frei von Angst. Ja, wenn die Liebe uns ganz erfüllt, vertreibt sie sogar die Angst. Wer sich also fürchtet und vor der Strafe zittert, der kennt wirkliche Liebe noch nicht. Wir lieben, weil Gott uns zuerst geliebt hat. Sollte nun jemand behaupten: „Ich liebe Gott", und dabei seinen Bruder oder seine Schwester hassen, dann ist er ein Lügner. Wenn er schon seine Geschwister nicht liebt, die er sehen kann, wie will er dann Gott lieben, den er nicht sieht? Vergesst nicht, dass Christus selbst uns aufgetragen hat: Wer Gott liebt, der muss auch seinen Bruder und seine Schwester lieben.

1. Johannes 4,7-21

# 16

## Angst oder Liebe?

In diesem Kapitel wird es um Angst und Liebe gehen. Ich werde Ihnen zeigen, dass ein Kompromiss zwischen diesen beiden Gefühlen unmöglich ist. Ein ideales Gleichgewicht zwischen Liebe und Angst kann es nicht geben. Sie stehen sich diametral entgegen.

Eines dieser beiden Gefühle wird letztendlich die Oberhand gewinnen. Entweder wird Angst oder wahre Liebe in Ihrem Leben triumphieren. Wer von beidem das sein wird, hängt ganz von Ihrem Glauben, Ihrem Vertrauen und Ihrer Überzeugung ab, dass Gott Ihnen nahe ist.

Liebe sollte der wichtigste Maßstab für einen Christen und dessen höchste moralische Tugend sein. Einige Menschen halten nicht viel von Christen, weil diese ihrer Meinung nach bloß scheinheilig seien. „Christen sind unfreundlich, gehässig und benutzen ihre Religion doch nur, um Menschen manipulieren zu können“, so lautet der Vorwurf. Wenn auch Sie zu solchen Kritikern zählen, kann ich Sie beruhigen: Menschen mit solchen Eigenschaften sind überhaupt keine Christen! Das wichtigste Kriterium, ob Jesus im Herzen einer Person wohnt oder nicht, ist die Art und Weise, wie dieser Mensch seine Liebe ausdrückt. Wenn Sie den vorangestellten Bibelabschnitt aus dem ersten Johannesbrief aufmerksam gelesen haben, wird Ihnen sicher die Aussage aufgefallen sein, dass Gott Liebe ist. Darum sage ich Ihnen: Wenn Sie andere Menschen lieben, tun Sie damit Gottes Werk.

*Liebe sollte der wichtigste Maßstab für einen Christen sein.*

Auf der einen Seite wollen wir gerne Menschen sein, die andere lieben und Gutes tun. Doch andererseits ist da immer wieder etwas, das uns daran hindert und davon abhält, andere zu lieben, und was uns keine Ruhe lässt. Häufig ist es die Angst, die uns daran hindert, andere zu lieben. Angst schließt Liebe aus. Wenn es heißt, dass vollkommene Liebe die Angst vertreibt, dann gilt das auch im umgekehrten Fall: vollkommene Angst vertreibt die Liebe! Angst – und ich spreche hier von wirklicher Angst und tiefer Furcht – vergiftet unser ganzes Leben.

*Angst vergiftet unser ganzes Leben.*

Nehmen wir beispielsweise an, dass Sie einen wunderschönen Tag hatten. Er hätte gar nicht besser verlaufen können! Vielleicht haben Sie sogar im Lotto gewonnen und sitzen jetzt in einer VIP-Lounge mit Ihrem Lieblingsstar bei einem Glas Champagner. Zudem kommt jemand auf Sie zu, macht Ihnen ein schönes Kompliment und sagt, dass Sie großartig aussehen. Doch was bedeutet das schon, wenn Sie wüssten, dass Sie am nächsten Tag sterben müssten! Der ganze Tag wäre Ihnen verdorben und Sie könnten all das Schöne nicht genießen, weil die Angst alles vergiftet.

Aus diesem Grund müssen wir lernen, Menschen zu werden, die unerschrocken leben. Das Schlimme an der Angst ist, dass sie auch vor unseren Beziehungen nicht haltmacht. Henri Nouwen verglich einmal Beziehungen mit einem verletzten Vogel. Sie laufen über eine Wiese und treffen auf ein Vögelchen, das aus dem Nest eines Baumes gefallen ist. Sie beschließen, es in Ihre Obhut zu nehmen, heben es auf und halten es in Ihren Händen. Das Problem dabei ist nur, dass Sie das Tierchen töten, wenn Ihr Griff zu fest ist. Ist Ihr Griff hingegen nicht fest genug, entgleitet es womöglich Ihren Händen, fällt auf den Boden und stirbt ebenfalls.

In unseren Beziehungen zu unserem Ehepartner, zu unseren Familienangehörigen oder Freunden, ist es ganz ähnlich. Wir können Menschen aufgrund unserer Ängste förmlich erdrücken. Wir klammern uns an einen Menschen und sagen: „Nein! Verlass mich nicht!“, weil wir Angst haben, alleine zu sein. Für andere ist das erdrückend. Oder wir lassen vielleicht einen Menschen fallen, weil wir uns davor fürchten, uns zu binden und zu verpflichten. Um eine echte, fruchtbringende und gute Beziehung haben zu können, müssen wir daher lernen, mit Menschen behutsam umzugehen. Doch das gelingt nur, wenn man keine Angst hat. Die Angst lähmt uns und lässt uns in unseren Beziehungen verkrampfen!

Angst hat eine lähmende Wirkung auf alle Bereiche unseres Lebens. Sie lähmt uns in dem, was wir uns vornehmen und erreichen wollen. Die Angst legt ihren eisigen Griff um uns. Sie lässt uns mit anderen wetteifern. Das muss an sich keine schlechte Sache sein. Doch wenn wir in unseren Beziehungen aus Angst miteinander wetteifern, ist das fatal. Konkurrenzdenken zwischen Ehepartnern, Familienmitgliedern und Freunden ist äußerst schädlich.

Angst im Leben vergiftet, hindert und lähmt. Wenn Sie nicht wissen, wie Sie damit umgehen müssen, erreichen Sie Ihre Ziele nicht, haben keine guten Beziehungen und leben ständig im Stress. Wenn Sie später einmal auf Ihr Leben zurückblicken, fragen Sie sich traurig: „Warum habe ich mich bloß so gefürchtet?“

Ich habe einmal an einem „Seil-Kurs“ für Führungskräfte teilgenommen. Dabei waren dicke Seile mit einer Reihe von Telefonmasten verbunden, die ungefähr 30 Meter hoch waren. Man zog wie beim Bergsteigen einen Klettergurt an und wurde durch ein Seil mit einer Seilwinde verbunden. Keine Sorge! Es war alles vollkommen sicher. Wir mussten dann einen Hindernisparcours laufen, was einen Meter über der Erde wenig Spannung geboten hätte. Also machten wir das in 30 Meter Höhe! Auf den ersten Blick sah das lächerlich einfach aus, wenn man von unten nach oben schaute. Doch dann kam der Augenblick, wo man den Klettergurt anlegte und nach oben klettern musste. Während man Meter für Meter vorankam, fing der Mast an, etwas zu wackeln und man spürte den Wind in luftiger Höhe. Schaute man dann nach unten, erwiesen sich die dreißig Meter plötzlich sehr viel angsteinflößender als vom Boden aus. Eigentlich schien es das Einfachste von der Welt zu sein, auf einem Baumstamm entlangzulaufen, doch als man oben angekommen war, fingen einige an herumzudrucksen. Manche brauchten ganze 10 bis 15 Minuten, ehe sie sich weiter voran trauten. Trotz der Erkenntnis, dass wirklich nichts passieren konnte (der Klettergurt war für 1000 kg ausgelegt), lähmte sie die Angst. Diese Übung sollte die Teilnehmer lehren, dass sie sich, auch wenn sie Angst verspürten, vorwärtsbewegen konnten. Je mehr Angst jemand dort oben hatte, desto schlechter kam er voran. Je mehr man aber seine Angst überwinden konnte und je selbstbewusster man war, desto besser kam man voran.

Ich möchte Sie gerne ermutigen und Ihnen zeigen, wie Sie trotz Angst leben und mutig Schritte nach vorne tun können. Sobald Sie ein Mensch werden, der sich immer mehr für die vollkommene Liebe öffnet, wird die Angst in Ihrem Leben eine Niederlage nach der anderen erleiden. Sie werden feststellen, wie Ihr Selbstvertrauen, Ihre Freude, Ihr Glück und Vergnügen spürbar zunehmen.

Der Apostel Johannes sagt uns, dass die Liebe die Angst vertreibt. Wörtlich ist hier von der „vollkommenen Liebe“ die Rede. Damit ist die göttliche Liebe gemeint. Das griechische Wort *teleioō* an dieser Stelle bedeutet „vollkommene Einheit“; etwas, das vollständig ist und was vollendet wurde. Aber was bedeutet es nun genau, dass die vollkommene Liebe die Angst vertreibt?

Stellen Sie sich Folgendes vor: Während ich auf der Straße nach Hause gehe, sehe ich plötzlich, dass ein Haus in Flammen steht. Beim Anblick des Feuers wird mir angst und bange. Da höre ich, wie mir jemand zuruft: „Du da! Lauf schnell ins Haus und sieh nach, ob noch Leute drin sind!“ Ich denke bei mir: „Ich gehe da jetzt ganz sicher nicht rein und werde mich hüten das zu tun! Das Haus brennt schließlich lichterloh. Ich halte lieber so weit wie möglich Abstand!" Doch wenn es sich hierbei um mein eigenes Haus handelte, sähe das plötzlich ganz anders aus! Man müsste mich nicht zweimal auffordern. Ich würde ohne zu zögern hineinlaufen, um nach meiner Frau und meinen Kindern zu suchen. Ich würde es selbst dann tun, wenn man mir versicherte, dass sie bereits schon tot wären und keine Hoffnung mehr für sie bestünde. Meine „vollkommene" Liebe würde alle Angst in mir augenblicklich vertreiben. Verstehen Sie mich nicht falsch: Die Angst wäre noch vorhanden, doch die Liebe würde sie überwinden! Die Angst würde mich nicht lähmen und zaudern lassen. Wenn Sie voll und ganz von der Liebe Gottes erfüllt sind, wird dies Ihre Angst verdrängen. Die Liebe Gottes ist mächtiger und stärker. Sie befähigt Sie dazu, unvorstellbare Dinge zu tun – wie zum Beispiel in ein brennendes Haus zu laufen.

Im Rahmen einer Zuschauerreise von *Hour of Power* besuchte ich mit der Reisegruppe unter anderem auch die Ruinen der alten Stadt Hierapolis in der heutigen Türkei. Als wir dort umhergingen und die Überreste des Theaters, des Stadttores und anderer Gebäude bestaunten, ging ich einen Hügel hinauf und fragte mich, wie die Stadt damals wohl ausgesehen haben müsste. Im gleichen Augenblick bemerkte ich eine Tafel mit den Worten: „An diesem Ort ist der heilige Philippus den Märtyrertod gestorben." Natürlich wusste ich, wer Philippus war. Ich kenne ihn sowohl aus der Bibel als auch aus anderen Büchern der Kirchengeschichte.

Philippus war ein mutiger Mann. Er war einer der zwölf Apostel und fühlte sich von Gott nach Hierapolis gerufen. Die Stadt war seinerzeit das „Las Vegas von Asien". Es wurde dort leidenschaftlich gewettet, Geld wurde mit vollen Händen ausgegeben und man gab sich allerlei Ausschweifungen hin. Philippus wollte den Menschen in Hierapolis Gottes Liebe zeigen und wie man sein Leben in rechter Weise führt.

Beim Stadttor angekommen erblickte er einen Altar, auf dem man Weihrauch für den Kaiser räuchern musste. Durch das Räuchern auf dem Altar und das Betreten der Stadt durch das Tor erkannte man an, dass der römische Kaiser Gott war. Philippus warf einen missbilligenden Blick zum Altar, sah die Wachen unvermittelt an und ging um das Tor herum. Das erforderte Mut, doch Philippus wollte seiner Berufung gehorsam sein und außerdem liebte er Gott. Noch zu seinen Lebzeiten verwandelte sich Hierapolis von einem Glücksspielzentrum zu einer der größten christlichen Städte und all das dank eines Mannes, der imstande war, sich nicht von der Angst beherrschen zu lassen. Philippus fürchtete rein gar nichts, weder Tod noch Schmerzen. Das Einzige, was für ihn zählte, war, Gottes Liebe Menschen zu verkünden, die innerlich verletzt und kaputt waren.

Diese göttliche Berufung liegt auch mehr oder weniger auf unserem Leben. Vielleicht fragen Sie sich jetzt, wie das gehen soll, frei zu sein von der Angst vor Leiden, Schmerzen und Qualen. Ich sage Ihnen, dass es möglich ist. Es ist möglich, wenn Sie Gott lieben. Je mehr Sie anfangen, Gott zu lieben und je tiefer Ihre Beziehung zu ihm ist, desto mehr wird sich Ihre Seele nach Gott sehnen – mehr als nach allem anderen. Je tiefer dies in Ihr Bewusstsein dringt, desto mehr wächst Ihre Kraft und Ihr Selbstvertrauen.

Doch stattdessen blicken wir ängstlich in die Zukunft. Wir stecken uns zwar tolle und große Ziele, doch wir fürchten die Risiken, die diese mit sich bringen. Und so beherrscht uns die Angst vor dem, was passieren könnte. „Wenn ich versage – was dann?“, so fragen wir. „Wenn das jetzt schiefläuft, dann bin ich mein Geld los oder verliere meinen Job!“ Und so zögern wir und warten meist erst so lange ab, bis die Angst verschwunden ist. Doch ich sage Ihnen, dass sich Ihre Angst nicht einfach in Luft auflösen wird. Sie werden Ihre Ängste nie los, wenn Sie nur dasitzen und abwarten. Wenn Sie das tun, sind Sie zu einem Leben des ständigen Bedauerns über all die verpassten Gelegenheiten verdammt. Wir sind nur dann frei von Angst, wenn wir sie überwinden, indem wir aktiv werden und handeln.

Als ich Autofahren lernte, saß ich hinter dem Lenkrad, während mir allerlei ängstliche Gedanken durch den Kopf schossen.

Zögerlich startete ich den Motor, umklammerte so fest das Lenkrad mit den Händen, dass die Knöchel weiß wurden, und tuckerte im Schneckentempo los. Doch selbst das war mir noch zu schnell und ich dachte nur: „Ich muss unbedingt abbremsen!“ Meine ganzen Fahrmanöver wie Schalten, Wenden und Bremsen geschahen stets abrupt und ohne fließende Übergänge. Doch je mehr Fahrstunden ich hatte, desto besser lief es. So langsam entspannte ich mich und wurde immer sicherer. Meine Angst verschwand mehr und mehr, weil ich mich immer wieder hinters Steuer setzte – unabhängig davon, was und wie ich mich dabei fühlte.

Ihre Ängste verschwinden nur dann, wenn Sie sich ihnen stellen. Sie müssen Ihre Gefühle und Emotionen in den Griff bekommen, indem Sie sich davon nicht beirren lassen, sondern mutig vorangehen. Wenn Sie hingegen an Ort und Stelle stillstehen und nur abwarten, wird die Angst niemals verschwinden. Tut mir leid, aber das Leben ist nun mal nicht einfach. Sie werden manchmal Risiken eingehen und den Sprung wagen müssen, während Sie in der Zwischenzeit fest an den Gott glauben, der an Sie glaubt. Und machen Sie sich nichts vor: Es kann durchaus vorkommen, dass Gott Sie auch schon mal zu irgendetwas zwingt, weil es das Beste für Sie ist.

Ich weiß genau, wovon ich rede, denn mein eigener Vater hat das auch einmal mit mir so gemacht. Wie ein Häufchen Elend saß ich im Alter von sieben Jahren am Strand von Kalifornien. Die hohen Wellen und die tosende Brandung jagten mir gewaltige Schrecken ein. Während meine gleichaltrigen Freunde im Wasser waren, spielten und ihren Spaß hatten, blieb ich wie angewurzelt dort sitzen, wo ich war, denn ich war alles andere als ein toller Schwimmer.

„Warum gehst du nicht zu den anderen Jungs und spielst ein bisschen mit ihnen?“, fragte mein Vater, der ganz in der Nähe saß.

„Hab keine Lust“, erwiderte ich gelangweilt. „Im Sand ist es auch schön.“

Er schaute mich mit einem forschenden Blick an. „Die haben doch eine Menge Spaß!"

„Nein, Papa. Ist schon okay. Ich mag den Sand. Wirklich! Mir gefällt es hier." Doch dann stand er plötzlich auf und ergriff meine Hand. „Komm mit!"

Sie müssen wissen, dass, wenn mein Vater erst einmal meine Hand ergriff, es für mich kein Entrinnen mehr gab. Das war mir vollkommen klar. So schrie ich Zeter und Mordio, doch er hielt meine kleine Hand nur umso entschlossener und fester und rannte zum Wasser. Dann schloss er mich in seine riesigen Arme und sagte: „Bereit?", als die erste große Welle auf uns zukam. „Jetzt gehts los!", sagte er und schon warf er mich mit dem Kopf voran in die Welle hinein. Ich schrie laut auf. Als die Welle an mir vorübergezogen war, zog er mich wieder aus dem Wasser und drückte mich fest an sich. Er war 1,85 Meter groß und bestand nur aus Muskeln. Die Wellen konnten ihm nichts anhaben.

„Alles klar?", erkundigte er sich.

„Ich hasse dich!", schrie ich.

„Okay, dann mal weiter", sagte er trocken. „Auf gehts!" Und schon warf er mich in die nächste Welle. Er fuhr so lange damit fort, bis sich mein ängstliches Brüllen in pure Vergnügungsschreie wandelte. Er blieb die ganze Zeit über bei mir, bis ich mich sicher fühlte. Er zeigte mir, was ich tun sollte angesichts der heranwogenden Wellen. Seitdem habe ich überhaupt keine Angst mehr vor den Wellen. Heute bin ich sogar ein leidenschaftlicher Surfer!

Mein Vater zwang mich und das kann Ihnen auch in Ihrem Leben passieren. Wenn Sie nicht selber den ersten Schritt in Richtung Ihrer allergrößten Angst tun, ist die Wahrscheinlichkeit groß, dass Gott Sie gerade dorthin drängt. Sie können schreien, so viel Sie wollen. Sie können ihm ins Angesicht schleudern, dass Sie ihn hassen. Doch er wird lediglich sagen: „Ich liebe dich! Ich bin bei dir, aber du musst tapfer sein." Auch wenn Sie herumnörgeln, wird er bei Ihnen bleiben und Sie immer wieder in seine großen Arme schließen.

Ich versichere Ihnen: Nichts bereitet Ihnen ein dermaßen euphorisches Gefühl, als das Überwinden Ihrer Ängste, indem Sie sich aller gegensätzlichen Gefühle zum Trotz entschließen durchzuhalten: „Ich lasse mich von meinen Ängsten nicht aufhalten. Ich habe einen mächtigen Gott an meiner Seite und weiß, dass er mich nie im Stich lassen wird."

„An den Engel der Gemeinde in *Laodizea* schreibe: Dies sagt dir der eine, der die Erfüllung aller Zusagen Gottes ist. Christus ist Gottes treuer und wahrhaftiger Zeuge. Er ist der Ursprung von allem, was Gott geschaffen hat. Ich kenne dich genau und weiß alles, was du tust. Du bist weder kalt noch heiß. Ach, wärst du doch das eine oder das andere! Aber du bist lau, und deshalb werde ich dich ausspucken. Du bildest dir ein: ‚Ich bin reich und habe alles, was ich brauche!' Da machst du dir selbst etwas vor! Du merkst gar nicht, wie jämmerlich du in Wirklichkeit dran bist: arm, blind und nackt. Darum solltest du dich endlich um den wahren Reichtum bemühen, um das reine Gold, das im Feuer geläutert wurde. Nur dieses Gold macht dich reich, und nur von mir kannst du es bekommen. Lass dir auch die weißen Kleider von mir geben, damit du nicht länger nackt und bloß dastehst. Kauf dir Augensalbe, die deine blinden Augen heilt. Bei allen, die ich liebe, decke ich die Schuld auf und erziehe sie mit Strenge. Nimm dir das zu Herzen, und kehr um zu Gott! Merkst du es denn nicht? Noch stehe ich vor deiner Tür und klopfe an. Wer jetzt auf meine Stimme hört und mir die Tür öffnet, zu dem werde ich hineingehen und Gemeinschaft mit ihm haben. Wer durchhält und den Sieg erringt, wird mit mir auf meinem Thron sitzen, so wie auch ich mich als Sieger auf den Thron meines Vaters gesetzt habe. Hört genau hin, und achtet darauf, was Gottes Geist den Gemeinden sagt."

OFFENBARUNG 3,14-22

# 17

# Kalt, lau oder heiß?

Vielleicht ist Ihnen das auch schon passiert: Sie setzen sich irgendwo in einem Straßenkaffee an einen Tisch, schlagen interessiert die Zeitung auf und trinken aus Versehen einen Schluck Kaffee aus der noch nicht weggeräumten Tasse Ihres Vorgängers. Angewidert spucken Sie ihn sofort wieder aus. Der Kaffee ist alt, lau und schmeckt fade. Heißer oder Eiskaffee ist köstlich, aber bei Zimmertemperatur ist Kaffee ekelhaft.

Sie sollten vielleicht wissen, dass ich verrückt nach Kaffee bin. Kein Wunder, dass mich diese Worte von Jesus aus der Offenbarung so ansprechen. Und wenn ich es genau betrachte, dann trifft dies nicht nur auf Kaffee zu, sondern generell. In meinem Leben habe ich den Wunsch, alles, was lau ist, auszuspucken. Ich will jemand sein, der vor Leidenschaft brennt! Aus diesem Grund möchte ich in diesem Kapitel über die folgenden drei Zustände sprechen: kalt, lau und heiß. Warum sagt Jesus, dass es ihm sogar lieber ist, wenn wir kalt wären als lauwarm? Kalt ist doch sicher schlimmer als lau, nicht wahr? Und überhaupt, was beinhaltet es eigentlich, im geistlichen Sinne „kalt“ zu sein für Jesus?

Martin Luther hat einmal etwas gesagt, was mich anfänglich sehr beschäftigt hat. Es waren nur zwei Worte: „Sündige tapfer.“ „Wie kann man Leute bloß dazu ermutigen zu sündigen?“, dachte ich. „Muss man sie nicht lieber dazu anregen, das Gute zu tun, fromm und vollkommen zu sein?“ Luther hielt die Sünde in unserem Leben jedoch für unvermeidlich. Der grundlegende Gedanke dahinter war, dass

> *„Sündige tapfer.“*

er der Ansicht war, wir Menschen wären nicht in der Lage, immer vollkommen zu sein. Wenn wir sündigen, dann sollte es tapfer geschehen. Die Betonung liegt darum nicht darauf zu sündigen – was etwas Furchtbares ist –, sondern auf der Tapferkeit.

Als Christen in der westlichen Welt tun wir hingegen oft das genaue Gegenteil. Wenn wir einen Fehltritt tun oder verletzt werden, setzen wir eine Maske auf. Wir achten sorgsam darauf, unsere Wunden zu verbergen. Wir verstecken sie, verheimlichen sie und lenken davon ab, damit bloß niemandem unsere Niedergeschlagenheit auffällt. Die Menschen um uns her sollen lieber eine starke Person sehen als jemanden, der irgendeine Schwäche zeigt. Im Grunde geht es Martin Luther wie auch Jesus um das Folgende: „Seien Sie dann lieber kalt. Zeigen Sie Gott Ihre Kälte und Schwäche. Es ist nicht so, dass es gleich die ganze Welt erfahren muss, aber irgendeiner sollte erfahren, dass Sie leiden." Das ist die Bedeutung des Kaltseins. Verbergen Sie es nicht, wenn Sie sündigen. Seien Sie an diesem Punkt aufrichtig. Wenn Sie gesündigt haben, Schmerzen haben, einsam oder niedergeschlagen sind, sorgen Sie dafür, dass jemand davon weiß.

Ich möchte Ihnen eine einfache Frage stellen: Angenommen Sie werden nach einem Autounfall ins Krankenhaus gebracht. Würden Sie dann lieber innere oder äußere Verletzungen haben? Es wäre schließlich möglich, dass bei äußerer Betrachtung keinerlei ernsthafte Verletzung zu sehen ist, während Sie dennoch starke innere Blutungen haben. Sie könnten zum Beispiel gebrochene Rippen haben und innere Organe könnten verletzt worden sein. Wenn Sie nicht weiter untersucht werden und die äußerlich nicht erkennbare Verletzung unbehandelt bleibt, ist die Gefahr groß, dass Sie sterben. Ragt hingegen ein Knochen aus Ihrem Arm oder bluten Sie aus offenen Wunden, ist das sofort ersichtlich und die Behandlung kann unmittelbar erfolgen. Man kann die Wunden reinigen, Salbe auftragen, sie nähen und verbinden und somit zur Heilung beitragen.

Doch oft scheinen Christen lieber innere, geistliche Verletzungen zu bevorzugen, von denen Ihnen äußerlich nichts anzumerken ist – während sie aber geistlich gesehen im Sterben liegen. Darum müssen Sie in gewisser Hinsicht „kalt" werden. Sie müssen dieser Verletzung erlauben, sichtbar zu werden und sie dem großen Arzt zeigen, damit er sie behandeln kann. Genau das möchte Jesus tun! Er wird zu Ihnen sagen: „Lass mich dich behandeln, mein Sohn, meine Tochter. Ich werde dich heilen. Ich verzeihe dir. Komm und setze dich an den Tisch, damit wir zusammen essen können. Komm ruhig zu mir, denn ich liebe dich und werde dich nicht zurückweisen."

Nachdem wir gesehen haben, wofür der kalte Zustand steht, wollen wir uns fragen, was es mit der Lauheit auf sich hat. Auf die eine oder andere Weise kennt wohl jeder dieses Gefühl von Lauheit in seinem Leben. Man spürt es vielleicht in Bezug auf die Arbeit oder im Leben daheim. Auf einmal kommen einem folgende Gedanken: „Es ist jeden Tag die gleiche Leier. Man steht auf, fährt zur Arbeit und kommt abends nach Hause – und das tagein, tagaus. Wozu das alles? Warum mache ich das eigentlich? Diese Eintönigkeit macht mich noch fertig."

Wie kommt man an diesen Punkt? Einst steckten wir voller Begeisterung, Leidenschaft und Feuer. Es gab Zeiten, in denen wir schon aufwachten, bevor der Wecker klingelte, weil wir so viel Lust hatten auf die Arbeit und den neuen Tag! Warum sind wir jetzt so lau, träge und wie betäubt? Was ist passiert? Ich persönlich bin davon überzeugt, dass der Grund hierfür das ist, was wir „Sicherheit" nennen. Um unsere Ängste loszuwerden, haben wir alles dafür getan, um uns sicher und ruhig zu fühlen. Doch damit haben wir gleichzeitig auch unsere Freiheit und unsere Leidenschaft aufgegeben. Und so stecken wir auf einmal fest in einer Arbeit, die wir vielleicht im Grunde genommen hassen.

Oder wir tun Dinge, die wir eigentlich gar nicht mögen. Der einzige Grund dafür ist Sicherheit. So machen wir Tag für Tag immer das Gleiche, weil es einfach und sicher ist und wir keine

Risiken einzugehen brauchen. Wir brauchen uns keine Ziele mehr stecken.

Wenn wir uns fragen, warum wir lauwarm sind, dann lautet die Antwort: Wir sind lau, weil wir im Grunde genommen Angst haben. Wir fürchten uns vor dem Leben. Doch wenn wir leben wollen, müssen wir auch bereit sein, Risiken einzugehen und Dinge zu verändern. Diese Leidenschaft, Neues zu wagen und Wagnisse einzugehen, brauchen wir wieder!

*Die Leidenschaft, Neues zu wagen und Wagnisse einzugehen, brauchen wir wieder!*

Ich möchte Sie noch auf etwas Wichtiges aufmerksam machen: Wie wir gerade gesehen haben, scheint uns der Rhythmus eines monotonen Alltags zwar langweilig und eintönig, aber dafür sicher zu sein. Doch das ist in Wirklichkeit ein Trugschluss! Jesus verdeutlicht dies am Beispiel eines Mannes, der ebenfalls auf Sicherheit aus war (vgl. Lukas 12,13-21). Er füllte seine Scheunen bis zum Rand mit Getreide, um nie mehr Hunger leiden zu müssen und um ausgesorgt zu haben. Doch am nächsten Tag starb er. Wir bilden uns ein, dass wir, solange wir unsere Arbeit noch haben und bloß genug auf die Seite legen, frei sind und alles tun können, was wir nur wollen. Dieses Verlangen nach Freiheit macht uns jedoch zu einem Sklaven. Wir hegen die Illusion, etwas zu besitzen, doch in Wahrheit besitzt es uns. Ich möchte Sie auffordern, Ihre Ketten zu zerbrechen. Fassen Sie noch heute den Entschluss und sagen Sie: „Ich will nicht länger dieses langweilige, bedeutungslose und monotone Leben führen! Wenn Gott mich ruft, Dinge in meinem Leben zu verändern, bin ich dazu bereit. Selbst wenn ich derzeit keine Möglichkeit sehe, dem alltäglichen Trott zu entfliehen, werde ich im Geschäft, zu Hause oder im Straßenverkehr jemand sein, der vor Leidenschaft und vor Begeisterung für Gott brennt."

Damit sind wir bei dem, wofür der heiße Zustand steht. Jesus sagt seiner weltweiten Gemeinde: „Meine Söhne und Töchter, ich möchte, dass ihr warm, ja, geradezu heiß seid. Ich möchte, dass ihr Feuer und Flamme seid, lichterloh brennt, und zwar aufgrund einer heiligen Leidenschaft. Ich möchte, dass die Menschen um euch her auf euch zukommen, um bei euch Licht und Wärme zu erfahren. Ich möchte, dass euer Licht in der Dunkelheit so hell und warm leuchtet, dass es jeden erwärmt, der innerlich kalt geworden ist und bei euch Wärme sucht." Das ist es, was Gott von uns möchte: Er will Menschen aus uns machen, die eine warme, heiß brennende Seele voller Feuer und Leidenschaft haben und voll der Güte Gottes sind. Leidenschaftliche Menschen, ob sie nun gut oder schlecht sind, sind zu fast allem imstande. Lasst uns darum gute Menschen sein, die leidenschaftlich für den Herrn brennen!

*Das ist es, was Gott von uns möchte: Er will Menschen aus uns machen, die eine warme, heiß brennende Seele voller Feuer und Leidenschaft haben und voll der Güte Gottes sind.*

Feuer hat etwas Ansteckendes an sich. Je höher es auflodert, umso weiter greift es um sich. So ist es auch bei uns: Je heißer unser Feuer ist, desto mehr Menschen werden davon entzündet. Ein einziger Mensch, der vor Leidenschaft brennt, kann Tausende anstecken. Wenn Sie an Jesus Christus glauben, sollten gerade Sie ein solcher Mensch sein. Sie sollten jemand sein, der voller Feuer und Leidenschaft sagt: „Ich weiß, wie es ist, warm und heiß zu sein für Gott und was es heißt, leidenschaftlich zu leben. Ich weiß, was es bedeutet, erfüllt zu sein vom Geist Gottes." Wie sehr wünsche ich mir das für Ihr Leben. Aber, was viel wichtiger ist: Wie gerne würde Gott Sie so sehen!

Hier noch ein Wort besonders an die jungen Leser und Leserinnen. Begeisterung und Leidenschaft ist etwas Fabelhaftes, doch sollten wir auch für die richtigen Dinge brennen. Seid Feuer und Flamme für alles, was gut ist! Sucht das Königreich Gottes mit eurem ganzen Herzen! Richtet eure Leidenschaft darauf, ein gutes und sinnvolles Leben zu führen, damit ihr auf dem

Sterbebett nichts zu bedauern braucht. Fangt an, mehr und mehr auf diese Art und Weise zu leben. Fallt nicht der Halbherzigkeit und der Anziehungskraft der irdischen Dinge zum Opfer und werdet nicht vom Feuer der Leidenschaft verzehrt, wie zum Beispiel Janis Joplin[18], von der im nächsten Kapitel die Rede ist.

Aber ich möchte auch noch den älteren Lesern etwas sagen. Begeisterte *junge* Leute sind gewöhnlich keine Besonderheit. Es gibt zahlreiche junge, die sich schnell für alle möglichen Dinge begeistern. Leider sind es jedoch oft die falschen Dinge, für die sie sich begeistern. Umso auffälliger ist es da, wenn man einem *älteren* Menschen voller Leidenschaft begegnet! Derartige Menschen sind leider rar gesät und wirklich außergewöhnlich. Bei jungen Leuten ist so etwas beinahe selbstverständlich. Doch älteren Menschen, die lichterloh brennen und voller Leidenschaft sind, hören wir gerne zu. Wir wissen: Ein solcher Mensch hat etwas zu erzählen. Bei älteren Menschen ist Leidenschaft nämlich verbunden mit Weisheit und Erfahrung. Sie sind in der Lage, jüngere Menschen zu inspirieren und sie anzuspornen, damit sie in ihre Fußspuren treten und im Leben reifer werden. Doch leider ist bei vielen älteren Menschen das Feuer nahezu erloschen und sie sind müde geworden. Manchmal haben sie sich auch am eigenen Feuer verbrannt. Möge es bei Ihnen anders sein.

Bei unserer Seele ist es wie mit einem Gefäß. Je größer und je älter wir werden, desto größer ist auch unser Gefäß. Wenn wir noch jung sind, brauchen wir nur wenig von Gott. Damit sind wir dann schon glücklich. Bei Teenagern wird der Becher bereits größer. Wenn wir dann noch älter werden, wird der Becher zu einem riesigen Gefäß. Das Wunderbare daran ist, dass es zwar mehr braucht, um dieses Gefäß zu füllen, aber es ist dadurch auch voller, weil es mehr fassen kann! Menschen nehmen das sehr wohl wahr. Nehmen wir zum Beispiel meinen Großvater.

---

[18] Janis Joplin (* 19. Januar 1943; † 4. Oktober 1970) war eine US-amerikanische Sängerin.

Das höchste Maß an Wirksamkeit erlebte er, als er in seinen Sechzigern war. Im Alter von fünfundsechzig besaß er noch die gleiche Leidenschaft wie mit fünfundzwanzig! Was war der Grund dafür? Weisheit, Einsicht, Erfahrung und graue Haare. Es ist etwas Besonderes bei einem älteren Menschen, der sagen kann: „Ich habe mein Leben gelebt und ich weiß auch, wofür ich es gelebt habe.“ Und zum Ende dieses Kapitels fordere ich Sie dazu heraus, ebenfalls ein solcher Mensch zu werden.

*„Ich habe mein Leben gelebt und ich weiß auch, wofür ich es gelebt habe.“*

An einem Nachmittag gegen drei Uhr gingen Petrus und Johannes wie gewohnt zum Tempel. Sie wollten dort am gemeinsamen Gebet teilnehmen. Zur selben Zeit brachte man einen Gelähmten und setzte ihn an eine der Tempeltüren, an das so genannte Schöne Tor. Der Mann war seit seiner Geburt krank und bettelte dort wie an jedem Tag. Als Petrus und Johannes den Tempel betreten wollten, bat er auch sie um Geld. Sie blieben stehen, richteten den Blick auf ihn, und Petrus sagte: „Schau uns an!“ Erwartungsvoll sah der Mann auf: Würde er etwas von ihnen bekommen? Doch Petrus sagte: „Geld habe ich nicht. Aber was ich habe, will ich dir geben. Im Namen Jesu Christi von Nazareth: Steh auf und geh!“ Dabei fasste er den Gelähmten an der rechten Hand und richtete ihn auf. In demselben Augenblick konnte der Kranke Füße und Gelenke gebrauchen. Er sprang auf, lief einige Schritte hin und her und ging dann mit Petrus und Johannes in den Tempel. Außer sich vor Freude rannte er umher, sprang in die Luft und lobte Gott. So sahen ihn die anderen Tempelbesucher. Sie erkannten, dass es der Bettler war, der immer an dem Schönen Tor des Tempels gesessen hatte. Fassungslos starrten sie den Geheilten an. Wieso konnte er jetzt laufen?

APOSTELGESCHICHTE 3,1-10

# 18

## Leidenschaft für Gott

Im vorigen Kapitel ging es darum zu brennen und aus der Monotonie eines vermeintlich sicheren Lebens herauszukommen und voller Leidenschaft zu sein. Um diese Leidenschaft geht es mir auch in diesem Kapitel. Worin besteht leidenschaftliche, christliche Spiritualität im Alltag? Worauf muss sich das Feuer der Leidenschaft richten und welche Gefahren gibt es?

Die Geschichte von dem gelähmten Mann am „Schönen Tor" ist äußerst faszinierend. Dieser Mann hatte jahrelang beim „Schönen Tor" gesessen und gebettelt. Jesus muss ihn oft gesehen haben, als er an ihm auf seinem Weg zum Tempel vorbeiging. Doch nie hatte er sich dem Mann zugewandt und zu ihm gesagt: „Jetzt ist für dich der Augenblick gekommen. Ich bin der Messias. Steh auf und geh umher, denn du bist von dieser Stunde an geheilt." Warum geschah das nicht? Warum hat Jesus ihn nicht geheilt? Die Antwort darauf lautet einfach: weil Jesus wollte, dass *Petrus* dies tun sollte.

Petrus ist eine bemerkenswerte Gestalt unter den Aposteln. Er war ein gewöhnlicher Fischer, der zum Jünger berufen wurde. Ein Jünger ist ein engagierter, hingegebener Schüler eines bestimmten Rabbis. Als Jesus Petrus rief, sagte er: „Die Menschen sehen in dir nichts weiter als einen Fischer. Aber ich möchte dich gerne als Schüler haben." Petrus mochte gar nicht glauben, was ihm da passierte. Voller Stolz dachte er: „Dieser Mann glaubt an mich! Ja, ich will ihm gerne nachfolgen." Und in den darauffolgenden drei Jahren entwickelt der Schüler Petrus eine dauerhafte Freundschaft mit seinem Rabbi Jesus. Er ist sogar später davon überzeugt, dass Jesus kein gewöhnlicher Prophet ist, sondern Gottes Sohn. Als Jesus später verhaftet wird, verteidigt Petrus ihn mit seinem Schwert. Dennoch hatte ihm Jesus vorausgesagt: „Du wirst mich verleugnen." „Keinesfalls", protestierte Petrus vehement. Aber wir alle kennen die Geschichte. Nachdem Jesus verhaftet worden war, verleugnete Petrus ihn dreimal, und das obwohl er drei Jahre mit Jesus verbracht, von ihm gelernt und erkannt hatte, dass er der Sohn Gottes war. Doch nach diesem „Lackmustest" seines Charakters krähte ein Hahn. Petrus hatte Jesus also tatsächlich verleugnet!

Doch dann geschieht etwas Seltsames. Nach seiner Auferstehung und unmittelbar bevor er in den Himmel auffährt sagt Jesus: „Ich werde jemanden schicken, um euch zu trösten." Weil wir die Geschichte kennen, meinen wir immer, dass die Jünger nach der Himmelfahrt seelenruhig auf den Heiligen Geist gewartet haben. Doch dem war ganz und gar nicht so! Sie erwarteten ganz einfach jemanden, der wie Jesus war; jemanden mit Mantel und Stock, der kommen und anklopfen würde, um zu verkünden: „Ich bin der Stellvertreter Jesu. Ich werde euch führen, bis Jesus wiederkommt." Aber es kam ganz anders. Etwas völlig anderes geschah, etwas sehr Merkwürdiges.

Wir lesen in der Apostelgeschichte, wie feurige Zungen auf die Jünger herniederkommen und die Jünger mit dem Geist Gottes erfüllt werden. Das ist geradezu unglaublich, denn die Juden glaubten, dass Gottes Geist ausschließlich im Allerheiligsten wohnte. Doch als Jesus starb, riss der Vorhang im Tempel und der Geist Gottes verließ diesen Ort. Bis zu diesem Augenblick spielte sich für Juden spirituell gesehen alles immer außerhalb des Körpers ab. Wenn man Gott begegnen wollte, musste man nach Jerusalem. Dort im Tempel wohnte er. Nur dort konnte man Opfer darbringen. Doch auf einmal kam der Heilige Geist auch auf Menschen und wohnte in ihnen!

Wir wollen uns einmal anschauen, was da mit Petrus geschah. Wie gerade erwähnt, hatte er Jesus vor dessen Kreuzigung noch verleugnet und war geflohen. Doch nach dem Kommen des Heiligen Geistes fing er an, freimütig das Evangelium zu verkündigen. Das tat er so überzeugend, dass sehr viele Menschen zum

Glauben an Jesus kamen. Außerdem geschahen plötzlich mächtige Zeichen und Wunder durch ihn. Die Heilung des körperlich behinderten Bettlers beim „Schönen Tor" ist nur ein Beispiel. Und am Ende seines Lebens, als Petrus erneut um seines Glaubens willen verfolgt wurde, sagte er: „Ich verdiene es nicht, auf die gleiche Weise zu sterben wie mein Herr. Kreuzigt mich verkehrt herum." Was für ein Mut und welch eine Kraft und Überzeugung steht dahinter! Wie ist diese Veränderung zu erklären? Es war der Geist Gottes, der Petrus auf einmal so viel Kraft verlieh! Es war das göttliche Feuer, das in diesem Menschen brannte, der sein ganzes Leben auf Jesus ausgerichtet hatte.

Doch was bedeutet es konkret, erfüllt zu sein mit dem Geist Gottes; imstande zu sein, die Welt erbeben zu lassen und den Verlauf der Geschichte zu beeinflussen? Wir können diese Frage auch anders formulieren: Was ist leidenschaftliche christliche Spiritualität? Viele Menschen würden sich selbst wohl als „spirituelle Menschen" bezeichnen. Das mag auch in manchen Fällen stimmen. Doch das kann durchaus auch auf solche zutreffen, die sich nicht sonderlich spirituell finden und dies von sich nicht behaupten.

Wir müssen auch wissen, dass Spiritualität nicht immer positiv sein muss. Spiritualität kann große Dinge bewerkstelligen, aber auch verheerende Folgen haben. Ist Feuer nun etwas Gutes oder etwas Schlechtes? Es hängt ganz davon ab, was man damit macht. Wenn ich zelte, finde ich ein kleines Feuer herrlich. Man kann darauf zum Beispiel Marshmallows oder Kartoffeln rösten. Ich bin auch froh für das Feuer im Kamin, vor dem ich genüsslich entspannen kann. Es gibt noch sehr viele andere Bereiche, wo Feuer eine besondere Rolle spielt. Aber wir alle wissen auch, dass Feuer die Ursache gewaltiger Waldbrände ist und auch bei Waffen oder Bomben eine Rolle spielt. Feuer kann somit ein Segen oder ein Fluch sein.

Spiritualität ist mehr oder weniger ein inneres Feuer. Früher behauptete man gelegentlich, dass jeder Mensch damit geboren wird. Ein Baby kommt ja nicht ruhig und entspannt auf die

Welt, sondern schreiend, weinend, nackt und blutig. Wir kommen voll Feuer und Leidenschaft aus dem Mutterschoß. Auch bei Kindern sieht man es in der Art und Weise, wie sie herumtollen, lachen, voller Neugierde sind und an allem Interesse zeigen. Im Wesentlichen geht es hierbei um einen bestimmten, göttlichen Funken. Dieses Feuer ist nicht Gott, sondern etwas von ihm in uns. Wir tragen es alle in uns. Die Frage ist nur, was wir mit diesem Feuer, mit unserer Spiritualität, tun.

Janis Joplin, die berühmte Popsängerin der Sechzigerjahre des vorigen Jahrhunderts, war eine sehr spirituelle Person. Vielleicht erinnern Sie sich noch an sie. Sie war eine unglaublich explosive Persönlichkeit. Als jemand sie irgendwann fragte, wie sich denn solch gigantische Konzerte anfühlten, sagte sie etwas Eigenartiges. Auf ihre gewohnt derbe Art antwortete sie: „Es ist so, als habe man Sex mit einigen Tausend Männern gehabt. Doch nachher legt man sich nur noch einsam schlafen." Janis Joplin sang mit einer beispiellosen Leidenschaft. Doch diese Begeisterung verstärkte gleichzeitig ihren Egoismus und zog sie immer mehr in den Sog von Alkohol und Drogen hinein. Zum Schluss verzehrte sie das Feuer. Genau wie viele anderen wurde sie von ihrer eigenen Spiritualität vernichtet. Sie bekam das Feuer nicht unter Kontrolle. Es wurde unbeherrschbar. Schließlich starb sie im Alter von siebenundzwanzig Jahren an einer Überdosis.

Doch es gibt auch andere Beispiele, Menschen, wie die verstorbene Mutter Teresa. Sie war kleinwüchsig und doch brannte ein Feuer in ihr. Sie besaß eine enorme Leidenschaft. Sie opferte alles dafür, um das Leben in Kalkutta zu verändern. Mutter Teresa wurde einmal interviewt, während sie ein sterbendes Mädchen in den Armen hielt. Am Ende des Gesprächs stöhnte das Mädchen und urinierte auf Mutter Teresa. Die Journalistin sagte daraufhin zum Kameramann in der Annahme, niemand würde sie hören: „Igitt! So was würde ich noch nicht einmal für eine Million tun." Mutter Teresa jedoch hörte es. Sie ergriff die Frau am Ärmel und sagte zu ihr: „Ich auch nicht! Ich auch nicht!"

Mutter Teresa hatte etwas, wofür sie lebte. Erinnern Sie sich noch an die Aussage am Ende des letzten Kapitels im Zusammenhang mit meinem Großvater? „Ich habe mein Leben gelebt und ich weiß auch, wofür ich es gelebt habe." Das kann man auch von Mutter Teresa sagen. Sie lebte nicht für Geld, sondern für etwas weit Bedeutsameres. Sie hatte diese Leidenschaft dafür, das Leben in Kalkutta endgültig zu verändern. Ja, sie hatte dieses brennende Feuer, aber sie hatte es unter Kontrolle. Weder sie noch andere wurden davon verzehrt. Es nährte nicht den Egoismus und führte auch nicht zum Drogenkonsum, sondern hielt sie auf die Hauptsache in ihrem Leben ausgerichtet. Sie setzte das Feuer zum Guten ein und widmete ihr Leben vollständig einer guten Sache, was Spiritualität zu etwas Christlichem macht. „Reinheit des Herzens ist, eines zu wollen", behauptete der dänische Philosoph Søren Kierkegaard. Er meinte, alles im Leben würde bestimmt durch die Perspektive auf ein einziges großes Ziel hin. Für ihn gab es nur ein Ziel: „das Gute in Wahrheit".

Ich möchte an dieser Stelle jetzt nicht weiter auf Kierkegaards These eingehen. Doch es ist sicher deutlich geworden, worum es geht: Unser ganzes Leben sollte dem Dienst Gottes gewidmet sein, das heißt dem Guten. Unser Leben sollte dem Guten und nichts als dem Guten dienen. Dieses Feuer in unserem Inneren, diese ganze Leidenschaft sollte auf das Gute gerichtet sein. Unser ganzes Leben muss diesem Ziel gewidmet sein. Viele Menschen haben damit jedoch ein Problem. Sie möchten lieber alles von jedem. Stellen Sie sich ein riesiges Fließbandbüfett vor, wo allerlei Leckereien an einem vorbeiziehen: Fleischgerichte, Fisch, Salate und Nachspeisen. Solche Menschen würden am liebsten alles haben und das gilt auch für alle Lebensbereiche, ob nun die Arbeit, die Beziehungen oder der Glaube. Sie möchten nicht eine einzige grandiose Sache, sondern eine ganze Menge gleichzei-

*Unser ganzes Leben sollte dem Dienst Gottes gewidmet sein, das heißt dem Guten.*

tig. Doch stellen Sie sich einmal vor, all diese leckeren Speisen würden in einen riesigen Mixbecher gekippt und zermahlt werden zu einem einzigen, grauen, lauwarmen Einheitsbrei! Würden Sie so etwas wirklich mögen?

Wir kommen mit Feuer und Leidenschaft auf die Welt. Das ist ein Geschenk Gottes. Danach müssen wir uns öffnen für Gottes Heiligen Geist und auf ihn hören. Gott will uns dazu bewegen, „das Gute in Wahrheit" zu erstreben. Er ruft uns zu einer echten Tugendhaftigkeit in allen Dingen und zu einer Bereitschaft, alles für ein einziges gewaltiges Ziel aufzuopfern.

Vielleicht sind Sie, lieber Leser und liebe Leserin, jemand, der gerne für dieses Ziel leben würde, doch Sie vermissen dieses Feuer und diese Leidenschaft in Ihrem Leben. Dann sage ich Ihnen Folgendes: Was Feuer in erster Linie zum Brennen braucht, ist Sauerstoff. Sie mögen einen ganzen Berg von Brennholz haben, doch ohne Sauerstoff gibt es auch kein Feuer. Wenn nun der menschliche Geist das Feuer ist, entspricht die Verehrung Gottes dem Sauerstoff. Glauben Sie mir, jeder verehrt in seinem Leben etwas, selbst ein überzeugter Atheist. Es wird sehr schnell deutlich, welche große Leidenschaft Menschen in ihrem Leben haben. Vielleicht ist es die Naturwissenschaft, für die sie sich leidenschaftlich einsetzen, oder es ist der Sport, oder vielleicht ein Auto. Menschen verehren *immer* etwas und sie haben dabei bestimmte Rituale oder Bräuche, die sie zelebrieren. Denken Sie dabei nur einmal an echte Fußballfans und die Verehrung ihrer Stars und Idole und ihres Vereins! Das nimmt häufig schon regelrecht religiöse Züge an. All diese Verehrung ihrer Sache facht das Feuer weiter an und schürt die Leidenschaft. Schauen Sie sich all die vielen Tausende von Fußballfans in einem Stadion an! Verstehen Sie? Wenn Sie wieder neue Leidenschaft verspüren möchten, dann beginnen Sie damit, Gott mit Ihrem ganzen Herz und von ganzer Seele zu verehren. Gott zu ehren und dieses Feuer der Leidenschaft am Brennen zu erhalten, verändert Ihr ganzes Leben. Das ist christliche Spiritualität!

„Ihr seid für die Welt wie Salz. Wenn das Salz aber fade geworden ist, wodurch soll es seine Würzkraft wiedergewinnen? Es ist nutzlos geworden, man schüttet es weg, und die Leute treten darauf herum. Ihr seid das Licht, das die Welt erhellt. Eine Stadt, die hoch auf dem Berg liegt, kann nicht verborgen bleiben. Man zündet ja auch keine Öllampe an und stellt sie unter einen Eimer. Im Gegenteil: Man stellt sie so auf, dass sie allen im Haus Licht gibt. Genauso soll euer Licht vor allen Menschen leuchten. Sie werden eure guten Taten sehen und euren Vater im Himmel dafür loben." „Meint nur nicht, ich sei gekommen, das Gesetz und die Worte der Propheten aufzuheben. Ich werde vielmehr beides bekräftigen und erfüllen."

MATTHÄUS 5,13-17

# 19

## Träger des Lichts

Was ist eigentlich die Kirche? Diese Frage hat sich vielleicht auch schon der eine oder andere gestellt. Die meisten von uns mögen sicher die Kirchengebäude, in denen wir zusammenkommen. Die eine Kirche ist vielleicht groß und imposant. Eine andere hingegen eher schlicht und einfach gehalten. Wie auch immer, Kirchen und Gemeindegebäude sind Symbole der Kraft Gottes, um eine positive, christliche Botschaft hinauszutragen.

Bei alledem dürfen wir eine Tatsache jedoch nicht außer Acht lassen: Die eigentliche Kirche ist kein Gebäude! Die „Kirche" besteht aus allen Gläubigen auf der ganzen Welt, die sich für etwas einsetzen, das ihr eigenes Leben bei Weitem übersteigt. Es handelt sich hierbei um eine Gruppe von Menschen, die glauben, dass Jesus auferstanden ist, lebt und in einem jeden von uns wohnt. Bei dieser Gruppe von Menschen spielen Wohnort, Herkunft, Nationalität ebenso wenig eine Rolle wie die Frage, welcher sozialen Schicht man angehört. All diese Menschen bilden zusammen eine Einheit: die weltweite Gemeinde Jesu Christi.

Jesus begann seine Mission in Israel. In ihm wurde Gott Mensch. Johannes drückt dies folgendermaßen aus: *„Am Anfang war das Wort. Das Wort war bei Gott, und das Wort war Gott selbst"* (Johannes 1,1). Und weiter: *„Das Wort wurde Mensch und lebte unter uns"* (Vers 14). Jesus war gewissermaßen die menschliche Seite Gottes auf Erden. Gott steckte tatsächlich in einem Körper aus Fleisch und Blut. Gott war mitten unter uns. In Jesus wurde Gott für uns Menschen greifbar, fühlbar und man konnte sogar von Angesicht zu Angesicht mit ihm sprechen. Zudem umgab sich Jesus mit Jüngern, das heißt mit

Menschen, die ihm nachfolgten. Einige aus dem Kreis der Jünger schrieben auf, was Jesus sagte und sie wollten ihm immer ähnlicher werden. Doch wir erfahren auch, wie sie Jesus kurz vor der Kreuzigung aus Angst im Stich ließen. Judas Ischariot verriet Jesus sogar und Petrus verleugnete ihn drei Mal. Viele andere Nachfolger, die zunächst noch begeistert „Hosianna!" gejubelt hatten, wandten sich nicht einmal eine Woche später von ihm ab.

Doch wir wissen auch, dass Jesus nach der Auferstehung anders war. Er besaß als auferstandener Herr eine ganz neue Art von Körper. Kurz vor seinem Tod hatte er seinen Jüngern etwas Bemerkenswertes angekündigt: „Ich werde euch den Tröster schicken." Die Apostel begriffen zunächst nicht, was er damit genau meinte. Sie gingen wohl davon aus, dass es sich hierbei um einen Propheten handelte, der irgendwie die Lücke ausfüllen würde, die Jesus Christus hinterließ.

Wir lesen allerdings in Kapitel 2 der Apostelgeschichte, wie der Geist Gottes auf die versammelten Jünger herniederkam. Sie wurden alle von ihm erfüllt. Am Anfang waren sie Nachfolger von Christus gewesen – seine Jünger und Schüler. Doch in diesem Augenblick veränderte sich etwas. Der Geist erfüllte das Herz eines jeden Einzelnen in diesem Gebäude. Sie spürten plötzlich keine Angst mehr. Sie fürchteten sich nicht mehr und wurden auf einmal von etwas ganz Neuem erfüllt: dem Geist von Jesus Christus!

So zogen sie in alle Welt und verkündeten die hoffnungsvolle Botschaft von Jesus Christus. Wir lesen, wie die Kraft und die Autorität dieses Geistes sie überallhin begleitete. Jesus Christus, der noch als Mensch an Zeit und Ort gebunden war, nahm nun auf diese Weise Gestalt in Form seiner Kirche an. Somit ist Jesus von jenem Zeitpunkt an auf ganz besondere Art und Weise überall dort, wo ein Christ gerade ist oder wo sich seine Nachfolger versammeln, um gemeinsam Gottesdienst zu feiern.

Erinnern Sie sich noch an die Bekehrung und sprichwörtliche Verwandlung von Saulus zu Paulus? Gerade als er sich auf dem

Weg nach Damaskus befand, traf ihn ein greller Lichtstrahl und warf ihn vom Pferd. Als er wieder aufblickte, sah er Jesus Christus. Er selbst war ihm noch nie zuvor begegnet und kannte ihn lediglich vom Hörensagen anderer. Und dann sagte Jesus etwas Bezeichnendes zu Paulus: „Saul, Saul, warum verfolgst du mich?“ Bedenken wir: Paulus war Jesus Christus zuvor noch nie begegnet. Er hatte ihn nicht eigenhändig gegeißelt, bespuckt oder ans Kreuz genagelt. Trotzdem sagte Jesus zu ihm: „Warum verfolgst du mich?“ Der Grund hierfür ist der, dass Jesus sich mit seinen Kindern und seiner Kirche identifiziert. Er macht hier keinen Unterschied.

In dem Moment, wo Sie zum Glauben an Jesus kamen und sich zu Jesus bekannten, wurden Sie zu einer menschlichen Wohnung Gottes. Das bedeutet, dass Sie von dem Augenblick an Christi beständige Gegenwart und Kraft, Autorität, Heiligkeit, Opferbereitschaft und Berufung willkommen hießen. Das ist es, was die Kirche ausmacht.

Da wir nun auf diese Weise die Gegenwart von Christus in dieser Welt verkörpern, müssen wir uns zugleich die Frage stellen, warum Jesus überhaupt in diese Welt kam und Mensch wurde. Wieso verließ er den Himmel und warum ausgerechnet zu jener Zeit?

Viele seiner Nachfolger sahen Jesus schon als Widerstandskämpfer und hofften, er würde eine Armee auf die Beine stellen und die verhassten Römer aus dem Land jagen. Sie sehnten sich nach der Unabhängigkeit Israels. Als evangelische Christen, deren Wurzeln in der Reformation Luthers und Calvins liegen, legen wir den Schwerpunkt auf das Heil, und zwar durch Gnade mittels des Glaubens. Und das ist wahr! Ich preise Gott für die Heilsgewissheit und dass ich nach Hause, in den Himmel, komme, wenn ich sterbe. Doch Jesus selbst definierte das Ziel seines Auftrages noch etwas anders.

Als er nach seiner Taufe und dem Aufenthalt in der Wüste seine öffentliche Wirksamkeit begann, öffnete er als Erstes die Schriftrolle des Jesaja und verkündete: *„Der Geist des Herrn* *ruht auf mir, weil er mich berufen hat. Er hat mich gesandt, den Armen die frohe Botschaft zu bringen. Ich rufe Freiheit aus für die Gefangenen, den Blinden sage ich, dass sie sehen werden, und den Unterdrückten, dass sie bald von jeder Gewalt befreit sein sollen"* (Lukas 4,18). *„Ich rufe ihnen zu: ‚Jetzt erlässt Gott eure Schuld!'"* (Jesaja 61,2). Jesus kam dieser Textstelle zufolge für vier Menschengruppen: die Armen, die Gefangenen, die Blinden und die Unterdrückten, das heißt Jesus kam, um diese Menschen zu befreien. Und wenn wir als Kirche heute die Verkörperung von Christus auf Erden sind, ist dies automatisch auch unsere Berufung.

In jenem Teil der Bergpredigt, den ich zu Anfang dieses Kapitels gestellt habe, geht Jesus näher darauf ein. Er, der Sohn Gottes und unser mächtiger Erlöser, sagt zu uns: *„Ihr seid für die Welt wie Salz ... Ihr seid das Licht, das die Welt erhellt"* (Matthäus 5,13-14). Das bedeutet auf der anderen Seite: Wenn unser Licht nicht strahlt, bleibt die Welt ein unglaublich düsterer Ort.

*Wenn unser Licht nicht strahlt, bleibt die Welt ein unglaublich düsterer Ort.*

Bobby

Vielleicht haben Sie schon einmal von Platos Höhlengleichnis gehört. Dieses Gleichnis ist meine Lieblingsparabel. Es geht darin im Wesentlichen um Folgendes: Stellen Sie sich vor, mehrere Personen sitzen in einer unterirdischen Höhle angekettet auf dem Boden, von der aus ein Gang zur Erdoberfläche führt. Diese Menschen sind so festgebunden, dass sie nur nach vorne auf die Höhlenwand blicken können. Daher können sie den Ausgang, der sich hinter ihrem Rücken befindet, nicht sehen und wissen auch nicht, dass es diesen überhaupt gibt. Diese Menschen haben ihr ganzes Leben als Gefangene in der Höhle verbracht. Erhellt wird die Höhle durch ein Feuer, das auf der Erde brennt und dessen Licht durch einen Gang scheint. Die Menschen sehen allerdings nur das Licht. Die ursprüngliche Quelle können sie nicht sehen. Sie nehmen bewegte Formen schattenhaft an der Wand wahr und hören Geräusche. Was sie nicht wissen, ist: Die Formen, die sie wahrnehmen, sind Menschen, die Gegenstände, wie beispielsweise Tongefäße, hin- und hertragen. Stattdessen halten sie diese Schatten für echt und real. Die angeketteten Menschen meinen auch, dass die Schatten sprechen können, obwohl es die Menschen sind, die die Gegenstände hin- und herbewegen und sich unterhalten. Diese Schatten, die sie an der Wand sehen, halten sie also für die Realität, weil sie in dieser bizarren Geschichte für immer an diese Wand gekettet sind. Sie haben nie etwas anderes gesehen außer diesen Schatten und meinen, die sprechenden Schatten wären die Wirklichkeit.

Eines Tages schaut einer der angeketteten Männer auf den Boden und sieht, dass er von seinen Ketten frei ist. Er richtet sich auf, dreht sich um und sieht etwas, das er nie zuvor gesehen hatte. Er nimmt die Gegenstände, deren Schatten er bisher beobachtet hat und die Flamme des Feuers wahr und sieht, wie die Schatten erzeugt werden. Anfangs hält er noch die nun in sein Blickfeld gekommenen Dinge für weniger real, als die ihm vertrauten Schatten. Dann realisiert er allerdings, dass diese Schatten nicht echt sind. Danach sieht er am Ende der Höhle einen Lichtkegel und fängt an, in Richtung des Lichtes zu laufen. Er kommt dem Höhlenausgang und dem Licht immer näher. Er geht nach draußen und sieht die Berge, einen See, die Bäume und all diese wunderbaren Dinge zum ersten Mal mit seinen eigenen Augen. Für ihn sind das die erstaunlichsten und unglaublichsten Dinge, die er je gesehen hat. Er ist überwältigt von der Schönheit und Klarheit der Realität. Dann muss er an all seine Freunde denken, die noch immer an die Wand gekettet sind und fühlt sich ihnen gegenüber schuldig. Er fasst den Entschluss, dass er seinen Freunden von dieser Welt erzählen muss, von der sie nicht einmal wissen, dass sie existiert. Er läuft zur Höhle zurück und geht hinein. Doch was geschieht, wenn man vom Sonnenlicht unmittelbar an einen dunklen Ort geht? Er kann nichts mehr sehen, weil seine Augen sich noch nicht auf das dunklere Höhlenlicht eingestellt haben. Er muss sich erst wieder langsam an die Finsternis der Höhle gewöhnen. Er kann nichts sehen. Er stolpert über Dinge, stößt überall an und versucht von diesem Ort zu reden, für den er nicht einmal Worte findet. Er versucht seinen Freunden mit seiner begrenzten Sprache diese unglaubliche Welt zu beschreiben und er klingt wie ein törichter Narr. Seine Freunde, die an die Wand gekettet sind, lachen ihn aus, verspotten ihn und halten ihn für verrückt.

In unseren kirchlichen Gottesdiensten bitten wir zuerst um Gottes Segen und erwärmen uns gewissermaßen in seinem Licht und seinem Leben. Es ist ungefähr so, wie in dem Höhlengleichnis: Wir sonnen uns außerhalb der Höhle und genießen die Berge und die Flüsse. Doch wenn Gott uns bittet, wieder in die Höhle hineinzugehen, weigern wir uns oft. Dann zieht sich etwas in uns zusammen und wir tun uns schwer, an diesen Ort zurückzukehren. Doch manchmal bittet Gott uns nun einmal, bestimmte Dinge zu tun. Und ist es nicht großartig, dass unser Glaube nicht nur aus dem Unterlassen von bestimmten Taten und Aktivitäten besteht, sondern vor allem auch gerade darin, etwas ganz Konkretes zu tun?

Im Alter von sechzehn Jahren traf ich eine ganz bewusste, persönliche Entscheidung für Jesus Christus. Ich wollte ein gläubiger Mensch werden und nahm mir vor, bestimmte Dinge nicht mehr zu tun. Ich fasste den Entschluss, zukünftig keinen Streit mehr anzufangen, nicht mehr böse zu werden, nicht länger an meinen Schwestern herumzumäkeln oder bei Klassenarbeiten nicht mehr abzuschreiben. Doch das alles macht einen lebendigen und erfüllenden Glauben noch nicht aus. Zwar hat Gott uns dazu berufen, bestimmte Dinge zu unterlassen, doch ist das längst noch nicht alles, was unseren Glauben ausmacht. Während ich mich noch bemühte, brav alles Mögliche nicht mehr zu tun und dabei mein Glaube ein ziemlich tristes Dasein fristete, trat auf einmal Ron Lewis von *Acquire The Fire*[19] in mein Leben.

---

[19] Eine Wochenendveranstaltung, die regelmäßig an mehreren Orten in den USA stattfindet und zwischen 5 000 und 96 000 Jugendliche erreicht.

Durch ihn wurde ich herausgefordert, in meiner Schule vor allem zu solchen Kontakt aufzunehmen, die als „besonders schwere Fälle“ galten. Also ging ich zu diesen Typen und sprach von meinem Glauben an Jesus. Ich schloss sogar Freundschaft mit denen, die von anderen nur für absolute Verlierer und Trottel gehalten wurden. Ich verbrachte ständig Zeit mit ihnen. Zu Anfang war es noch ein Opfer und kostete mich einiges an Überwindung, doch dann war ich voller Begeisterung und mit ganzem Herzen dabei.

Schließlich ging ich nach Thailand. Dort betrieben wir auf mancherlei Art und Weise Missionsarbeit vor Ort. Und plötzlich konnte ich mit eigenen Augen sehen, wie Wunder geschahen. Eine Fußgängerin wurde einmal bei einem dramatischen Autounfall in hohem Bogen durch die Luft geschleudert. Doch sie wurde auf wundersame Weise bewahrt und ihr war nichts passiert! Ich betete für einen Mann, der schon zehn Jahre lang nicht mehr laufen konnte – und er wurde geheilt! Wir sahen eindrucksvolle Dinge geschehen. Dann erkannte ich mit einem Mal, worin die Berufung als Christ besteht: Es ist die Berufung, für Christus zu leben und ein Träger des Lichts zu sein! Wir sind nicht nur dazu berufen, gewisse Dinge zu unterlassen, sondern Christus ruft seine Kirche vor allem dazu auf, sich auf geistliche Abenteuer einzulassen.

Von meinem Großvater habe ich etwas sehr Wichtiges gelernt. Er erzählte mir: „Menschen halten mir oft vor, dass ich nicht gegen Sünden predigen würde. In Wirklichkeit tue ich das hingegen ständig. Das Problem ist aber: Die meisten Pfarrer und Prediger richten sich in ihrer Verkündigung gegen Sünden, wie zum Beispiel Lügen, Stehlen, Ehebruch und diese Art von Dingen – und das vollkommen zu Recht. Es ist nur so, dass es schon genügend Leute gibt, die vor diesen Dingen warnen. Ich predige auch gegen die Sünde, allerdings habe ich dabei die Nichtbefolgung von Gottes Willen für das Leben im Blick. Mir geht es darum, dass man, wenn Gott einen zu etwas beruft, diesem nicht nachkommt; dass Menschen nicht an sich glauben; dass sie ständig ein Leben mit einer inneren Leere führen und das in der Annahme, dass es wohl Gottes Wille sei. Davor warne ich."

Wenn sich unser Leben als Christ nur darauf konzentriert, bestimmte Dinge zu meiden und nicht zu tun, sind wir nicht mehr als ein statisches Aushängeschild. Wenn das alles ist, was unser Christsein ausmacht, dann sind wir genauso leblos wie ein Stein. Doch Gott hat uns dazu berufen, Träger des Lichts zu sein. Sie mögen jetzt fragen, was ein solches Leben denn beinhaltet oder wie das konkret in der Praxis aussieht. Vor allem ist zunächst erst einmal wichtig, dass Sie das überhaupt akzeptieren und daran glauben. Doch darüber hinaus habe ich auch noch ein paar gezielte Vorschläge für Sie.

Sie könnten zum Beispiel eine Missionsreise unternehmen. Es gibt so viele Möglichkeiten, wie Sie den Armen, den Gefangenen, den Blinden und den Unterdrückten helfen können. Sie könnten sich auch ganz gezielt dem Gebet widmen, wenn Sie aus irgendwelchen Gründen nicht mehr aus dem Haus kommen. Sie können sich darauf konzentrieren, bestimmte Menschen ganz gezielt zu lieben. Sie könnten sich ehrenamtlich in Ihrer Kirche oder Gemeinde engagieren und Ihren Pastor unterstützen. Wenn Sie nicht selber gehen können, können Sie andere Menschen unterstützen, die sich in andere Länder begeben, um dort humanitäre Hilfe zu leisten oder das Evangelium zu verbreiten. Es gibt so viele Möglichkeiten, wie Sie Ihrer Berufung nachkommen können, ein Träger des Lichts zu sein.

Ein Letztes möchte ich noch erwähnen. Wenn Sie jetzt behaupten, Sie könnten niemals in dieser Weise ein Träger des Lichts sein, dann sagen Sie gleichzeitig, dass Gott nicht in der Lage ist, dies aus Ihnen zu machen. Wenn wir die Verkörperung von Jesus Christus auf Erden sind, bedeutet das, dass wir erfüllt sind mit seinem Geist, seiner Autorität, seiner Kraft, seinem Leben und seiner Sicht für diese Welt. Mit anderen Worten, es steht Ihnen alles zur Verfügung. Wenn Sie als Christ weiter behaupten, dass Sie dies nicht können, limitieren Sie Gott. Doch ich bin mir sicher, dass Sie schon unzählige Geschichten darüber gehört haben, was Gott alles im Leben eines Menschen bewirken kann.

Ich bin von dieser Wahrheit fest überzeugt. Wir sind als die Kirche von Jesus Christus Träger des Lichts. Wir tragen das Licht überall bei uns, wohin wir auch gehen. Leben Sie darum Ihre Berufung! Tragen Sie dieses Licht in diese dunkle Welt hinein.

Ein junger Mann kam mit der Frage zu Jesus: „Lehrer, was muss ich Gutes tun, um das ewige Leben zu bekommen?" Jesus entgegnete: „Wieso fragst du mich nach dem Guten? Es gibt nur einen, der gut ist, und das ist Gott. Du kannst ewiges Leben bekommen, wenn du Gottes Gebote befolgst." „Welche denn?", fragte der Mann, und Jesus antwortete: „Du sollst nicht töten! Du sollst nicht die Ehe brechen. Du sollst nicht stehlen! Sag nichts Unwahres über deinen Mitmenschen! Ehre deinen Vater und deine Mutter, und liebe deinen Mitmenschen wie dich selbst." „Daran habe ich mich immer gehalten! Was muss ich denn noch tun?", wollte der junge Mann wissen. Jesus antwortete: „Wenn du vollkommen sein willst, dann verkauf, was du hast, und gib das Geld den Armen. Damit wirst du im Himmel einen Reichtum gewinnen, der niemals verloren geht. Und dann komm, und folge mir nach." Als der junge Mann das hörte, ging er traurig weg, denn er war sehr reich. Da sagte Jesus zu seinen Jüngern: „Eins ist sicher: Ein Reicher hat es sehr schwer, in Gottes neue Welt zu kommen. Eher geht ein Kamel durch ein Nadelöhr, als dass ein Reicher in Gottes neue Welt kommt." Darüber waren die Jünger entsetzt und fragten sich: „Wer kann dann überhaupt gerettet werden?" Jesus sah sie an und sagte: „Für Menschen ist es unmöglich, aber für Gott ist alles möglich!"

MATTHÄUS 19,16-26

# 20

# Arm und doch unendlich reich

In dem letzten Kapitel dieses Buches möchte ich noch über den Weg von der Armut zu einem reichen Leben sprechen. Ich selbst habe vor etlichen Jahren ein Gelübde der Armut abgelegt. Es war während meines Studiums, wo ich einiges über Kirchengeschichte gelernt habe. Ich hörte unter anderem einen Vortrag über die benediktinische Spiritualität – also über Mönche.

Jeder Mönch legt normalerweise drei Gelübde ab: das Gelübde der Keuschheit, das Gelübde des Gehorsams und das Gelübde der Armut. Dies gilt dann für den Rest seines Lebens. Der Dozent stellte uns die folgende Frage: „Wenn Gott Sie um eines dieser Gelübde bitten würde, welches würde Ihnen wohl am schwierigsten fallen zu leisten?" Einige sagten: „Das Gelübde der Keuschheit." Das kann ich nachvollziehen. Andere wiederum sagten: „Das Gelübde des Gehorsams, das heißt, alles zu tun, was der Abt sagt." Mir persönlich schien das Gelübde der Armut bei Weitem das schwierigste zu sein. Das gab ich ganz offen zu. Daraufhin sagte der Dozent: „Das Gelübde, das Ihnen am schwersten fällt, sollten Sie auch tatsächlich ablegen." „Du meine Güte!", dachte ich. Doch nach reiflicher Überlegung legte ich schließlich dieses Gelübde ab.

Ich möchte im Folgenden erklären, was ein solches Gelübde der Armut im Leben eines Gläubigen genau bedeutet. Ich bin nämlich der Meinung, dass jeder Christ dieses Gelübde ablegen sollte. Lassen Sie uns deshalb einmal diese unglaubliche Geschichte im Matthäusevangelium ein wenig näher anschauen.

Ein junger Mann kommt zu Jesus und sagt, dass ihm etwas in seinem Leben fehlt, woraufhin ihm Jesus zunächst antwortet: *„Du kannst ewiges Leben bekommen, wenn du Gottes Gebote* *befolgst."* Der Mann erwidert: *„Daran habe ich mich immer gehalten!"* Dann fordert Jesus von ihm: *„Wenn du vollkommen sein willst, dann verkauf, was du hast, und gib das Geld den Armen ... Und dann komm, und folge mir nach."* Zum Schluss folgt diese äußerst merkwürdige Wendung, die mir sonst nirgendwo anders begegnet ist, denn es heißt, dass der junge Mann traurig fortging, weil er sehr reich war.

Wenn er Jesus nachgefolgt wäre, dann wäre er in den Kreis der Jünger aufgenommen worden. Wir alle hätten seinen Namen gekannt. Er würde in der Geschichte weiterleben und auf einem der Throne sitzen, von denen in der Offenbarung die Rede ist. Er hätte auch eines der Bücher der Bibel schreiben können. Doch stattdessen ging er fort mit seinem irdischen Schatz – und niemand wird je seinen Namen erfahren.

In dem darauffolgenden Gespräch mit den Jüngern geht es um diese bedeutsame Frage: Was bedeutet es, reich zu sein? Das ist eine wichtige Frage. Was für einen Sinn macht es eigentlich, reich zu sein?

*Was für einen Sinn macht es, reich zu sein?*

Ich weiß noch genau, als ich zum ersten Mal in Thailand war. Als ich als sechzehnjähriger junger Mann durch Bangkok lief, sah ich ein Kind auf einer Art Kiste mit Rädern. Es saß dort ohne Beine, mit nur einem Arm und einem kleinen Becher im Mund und bettelte um Kleingeld. Bevor ich nach Thailand ging, hielt ich mich selbst nicht gerade für reich. Ich fand sogar, dass ich vielmehr ziemlich mittellos sei. Beim Anblick dieses kleinen Jungen begriff ich jedoch, dass ich durchaus reich war. Als ich erkannte, dass ich als Teenager an einem Tag mehr Geld beim Kellnern in einem mexikanischen Restaurant verdiente als die meisten Menschen in Thailand in einem Monat verdienen, wurde mir bewusst, dass ich reich war.

Stellen Sie sich einmal die folgende Frage: Wenn es für einen reichen Menschen so schwierig ist, in den Himmel hineinzukommen, was macht es dann überhaupt für einen Sinn, reich zu sein? Diese Frage führt uns zu einer viel herausfordernden Frage: Wenn uns Reichtum vom Eingang in das Himmelreich abhält, müssen wir dann arm werden? Die Antwort hierauf ist ein entschiedenes und eindeutiges Ja!

Wir streben immer nach mehr – nach mehr Besitz, nach einem dickeren Bankkonto und so weiter. So oft hören wir die Leute Sätze wie diese sagen: „Wenn ich erst einmal in der Lotterie gewinne oder mein Geschäft auf dem aufsteigenden Ast ist, sieht mein Leben viel besser aus. Dann bin ich frei!" „Ich will finanziell unabhängig sein!" „Hätte ich bloß ein eigenes Geschäft oder könnte ich bloß Immobilien vermieten!" Doch finanzielle Unabhängigkeit durch mehr Geld erlangen zu wollen ist unmöglich.

Ich verrate Ihnen ein Geheimnis: Es wird nie der Augenblick kommen, wo sie *genug* Geld haben! So ist es. Fragen Sie einmal bei reichen Leuten nach. Wenn man auf der Straße eine Banknote sieht, hebt man sie *immer* auf. Wenn einem das Geld so einfach zufliegt, sagt man niemals Nein. Reichtum, der sich umsonst einstellt, ist immer stets willkommen. Wir wollen alle immer mehr haben. Das Problem in unserer Gesellschaft ist im Grunde nicht, dass wir Dinge besitzen oder wie viel wir davon besitzen. Es geht vielmehr um die Frage, was passiert, wenn unser Besitz und unser Verlangen nach Besitz uns besitzen? Welche Auswirkung hat das auf unsere Familie und unser geistliches Leben? Unser ständiges Verlangen, stets noch mehr haben zu wollen, ist in Wirklichkeit eine Form der Sklaverei. Aber wir können uns aus ihr befreien!

*Unser ständiges Verlangen, stets noch mehr haben zu wollen, ist in Wirklichkeit eine Form der Sklaverei.*

Vermutlich ist jeder, der diese Zeilen gerade liest, in Gottes Augen reich. Ich möchte jedoch an dieser Stelle anmerken, dass ein Unterschied besteht zwischen *erzwungener* Armut und *freiwilliger* Armut. Armut, die einen heimsucht und einem aufgezwungen wird, ist schrecklich. Diese Armut widerfährt einem, man will sie nicht. Sie schlägt einfach zu. Es ist entsetzlich, wenn man ständig Mangel oder Hunger leidet. Daher werden Sie auch von mir nie zu hören bekommen, dass eine solche Armut, die einen ereilt, etwas Gutes sei. Aber eine Armut, die man selber wählt, ist etwas völlig anderes. Diese entspringt geradezu einem Verlangen danach und ich bin der Meinung, dass wir alle ein ganz bewusstes Gelübde der Armut ablegen sollten.

Alles in allem geht es darum, *Verwalter* statt *Besitzer* zu sein. Hierin besteht das wahre Gelübde der Armut. Wenn Sie an Gott glauben und sagen: „Ich übereigne dir mein Leben, Vater." Wie viel von dem, was Sie besitzen, gehört dann Ihnen? Wie viel davon gehört Gott? Wenn Sie sagen: „Ich glaube an Gott", dann müssten Sie ebenso sagen: „Alles, was ich besitze, gehört dir, Vater. All meine Schätze auf dieser Welt, mein Haus, mein Auto, es gehört alles dir." Nehmen wir einmal an, Sie wären Verwalter statt Besitzer. Wenn Gott Sie jetzt bittet, etwas zu geben, dann verschieben Sie es im Grunde genommen einfach nur von einem Konto zum anderen. Wenn Gott Sie zum Beispiel bitten würde, einer Wohltätigkeitseinrichtung oder irgendeinem anderen guten Zweck eine Spende zukommen zu lassen, übertragen Sie eigentlich Gottes Geld bloß von einem Konto zum anderen. Diese Art zu denken befreit uns von dem Zwang, immer mehr besitzen zu wollen. Ihr sogenanntes „Eigentum" ist dann nämlich nicht länger Ihr eigener Besitz. Wahre Hingabe ist nötig, um dem Herrn gegenüber diesen Eid zu leisten, dass alle Güter und all die Kostbarkeiten ihm gehören.

Nun werden Sie vielleicht sagen: „In Ordnung, ich habe all meine Besitztümer dem Herrn versprochen und übereignet. Damit habe ich das Gelübde der Armut abgelegt." Nein, das haben Sie noch nicht. Das Gelübde der Armut verlangt nämlich von Ihnen, noch mehr aufzugeben und noch ärmer zu werden! Da wäre zum Beispiel noch Ihre Arbeit zu nennen. Ihre Arbeit ist nicht länger *Ihre* Arbeit. Alles, was Sie tun, tun Sie nämlich für Gott. Ob Sie nun eine Anstellung haben oder nicht – Ihre Arbeit ist Gottes Sache. Eine angenehme Randerscheinung dabei ist, dass Sie Ihre Arbeit fortan nicht mehr langweilig oder öde finden müssen. Sie arbeiten schließlich für den Vater und alles, was Sie tun, müssen Sie mit Freude, mit Ausdauer und mit Fröhlichkeit tun. Es ist nicht länger *Ihre* Arbeit, sondern Sie tun sie für *Gott*. Ihre Arbeit gehört ihm. Sie gehört nicht länger Ihnen.

„Gut", sagen Sie. „Ich habe jetzt nicht nur meinen Besitz und mein Geld an Gott übergeben, sondern nun auch noch meine Arbeit. Damit habe ich also mein Gelübde der Armut abgelegt." Nein, das haben Sie noch nicht! „Erfordert denn ein solches Gelübde der Armut noch mehr?", fragen jetzt vielleicht manche Leser und Leserinnen. Allerdings. Es ist nötig, dass Sie zudem auch noch Ihren Körper Gott übereignen!

Ein sehr guter Freund von mir hatte sehr viel Geld. Aber ich muss hinzufügen, dass er auch eine Menge Geld für die Betreuung und Verpflegung der Obdachlosen in seiner Stadt spendete. Eines Tages fragte er mich: „Ist das eigentlich genug, wenn ich einfach nur einen Scheck für die Einsätze unter den Obdachlosen ausstelle und dann am Samstagmorgen ausschlafe?"

„Nein", erwiderte ich, „das ist es nicht. Du musst schon selber dorthin gehen und es sehen. Du musst hingehen und Pfannkuchen mit Speck für Obdachlose backen."

„Das sagt mir eigentlich nicht wirklich zu", lautete seine ehrliche Antwort.

„Wenn ich wählen müsste zwischen dir und deinem Geld", hakte ich ein, „sähe ich lieber dich als dein Geld."

Seitdem ist er dort der Küchenchef. Aus Liebe setzt er sich seitdem persönlich für Obdachlose ein. Er sah eine Not und linderte sie.

Ich sage Ihnen: Ob Sie nun krank oder gesund sind, ob alt oder jung, ob körperlich behindert oder nicht, ist letztlich gar nicht entscheidend, denn auch Sie können die Not anderer sehen und lindern helfen. Wenn Sie ein Gelübde der Armut abgelegt haben, haben Sie Ihren Körper Gott geweiht. Packen Sie das an, was immer Gott von Ihnen möchte. Ein Gelübde der Armut besteht nicht nur darin, sein Geld, seine Güter und seine Arbeit Gott zu übergeben. Es bedeutet, dass auch der Körper einem nicht länger gehört und man ihn Gott übereignet.

Das sollte es jetzt dann aber auch gewesen sein, oder? Nein, Sie haben noch immer nicht genügend übergeben. Das Letzte, was Sie dem Vater geben müssen, ist Ihr Herz, und zwar alles darin: jede Empfindung, jedes Gefühl und jeden Gedanken. Sie müssen vollkommen besitzlos sein und nichts zurückbehalten. Wenn Sie sagen: „Mein Herz gehört dir, Gott“, bedeutet das, dass Ihr ganzer Ärger Gott gehört und nicht länger Ihnen. Ihre Rachegedanken sind verschwunden – die haben Sie von nun an ihm übergeben. Ihr Schamgefühl, Ihre Angst, Ihre Bitterkeit und Ihren Hass – Sie lassen all das los und überlassen es Gott. All diese Gefühle gehören Ihnen nicht länger. Es gibt absolut nichts mehr, das Sie Ihr Eigen nennen können. Wenn Sie ein Gelübde der Armut ablegen, geben Sie alles auf und werden bettelarm. Sie legen Ihr eigenes Leben Gott zu Füßen. Erst nachdem Sie das alles getan haben, haben Sie das wahre Gelübde der Armut abgelegt. Ein solches Gelübde ist eine wohlüberlegte, heilige Wahl und Entscheidung, die Sie mit Ihrem ganzen Wesen treffen.

Jesus gebrauchte in seinen Reden oft scheinbare Gegensätze. Er sagte zum Beispiel: „Wer sein Leben gewinnen will, muss es verlieren. Wer reich sein will, muss arm werden. Wer stark sein will, muss schwach werden.“ Wenn wir uns ganz hingegeben und alles ihm übereignet haben und wir in völliger Armut zu ihm kommen, sagt er schließlich: „Ja, jetzt bist du bereit. Du bist so weit.“

Wussten Sie, dass wir Gottes Kinder sind? Der Apostel Johannes schreibt in seinem Brief: *„Seht doch, wie groß die Liebe ist, die der Vater uns schenkt! Denn wir dürfen uns nicht nur seine Kinder nennen, sondern wir sind es wirklich“* (1. Johannes 3,1). Doch das zu glauben fällt uns alles andere als einfach angesichts des Verlaufs und der Wendungen, die unser Leben mitunter nimmt.

Wie nennt man für gewöhnlich den Sohn eines Königs? Einen Prinzen. Und wie nennt man die Tochter eines Königs? Eine

Prinzessin. Sobald Sie alles aufgegeben haben, erkennen Sie auf einmal, dass Sie ein Sohn oder eine Tochter des großen Königs sind. Sie erhalten gewissermaßen ein geistliches Königtum. Sie bekommen eine neue Offenbarung, ein neues Leben und vollkommene Freiheit inmitten Ihrer Armut. Der Vater richtet Sie auf, holt Sie heraus aus dem Verlust Ihres Herzens, Ihres Körpers, Ihrer Arbeit, Ihres Eigentums und Ihres Geldes. Er hebt Sie über all das hinweg und sagt: „Wohl getan. Gut gemacht. Jetzt begreifst du, dass du mein Prinz (meine Prinzessin) bist, mein Sohn (meine Tochter). Für immer und ewig wirst du in meinem Haus wohnen." Dann sollten wir ihm antworten: „Gott, alles will ich dir für immer weihen. Ich weihe dir meinen Besitz, meine Arbeit, meinen Körper und vor allem: Ich übergebe dir mein Herz, mein ganzes Herz. Es gehört alles dir. Nichts soll mir noch länger gehören. Alles gehört dir."

*Gott, alles will ich dir für immer weihen.*

Am Ende dieses Buches lade ich Sie dazu ein, das folgende Übergabegebet zu sprechen:

„Vater im Himmel, du hast alles für mich gegeben, du hast deinen Sohn hingegeben, du hast deine Erhabenheit und deinen Stolz aufgegeben und du hast deinen Zorn aufgegeben, weil du mich liebst. Du hast mich immer geliebt. Du bist nie von meiner Seite gewichen. Vater, im Gegenzug, übergebe ich dir meine Kostbarkeiten und mein Eigentum – alles, was ich besitze, gehört dir. Herr, ich übergebe dir darüber hinaus meine Arbeit. Ich will nicht länger mit meiner Arbeit hadern. Sie gehört dir. Ich übergebe dir auch meinen Körper, ob dieser nun krank oder gesund ist, er gehört dir. So wie er ist, gehört er dir. Und schließlich übergebe ich dir meine Seele und mein Herz. Ich übergebe dir mein Denken und meine Kraft. Ich übergebe einfach alles an dich, Vater. Es gehört alles dir. Herr, ich begreife, dass du mich aus der Asche herausholst und sagst: ‚Ich schätze dich. Du gehörst jetzt zu mir und wirst immer bei mir sein.' Amen."

# Hour of Power

Brauchen Sie Ermutigung? Wünschen Sie sich zwischen all den negativen und destruktiven Sendungen im heutigen Fernsehen eine Sendung, die Ihren Geist und Ihre Seele aufbaut und Ihnen neue Kraft und Inspiration für den Alltag gibt?

Die Gottesdienste von *Hour of Power* sind genau das, was Sie suchen. Eine volle Stunde inspirierendes Fernsehen, mit einer erfrischenden Mischung aus traditioneller und moderner geistlicher Musik, interessanten Interviewgästen und einer Mut machenden Botschaft, wie Sie ein positives und erfülltes Leben führen können. Bobby Schuller wird Sie begeistern und Ihnen neue Kraft für Ihre Woche geben.

In den Predigten wird lebensnah auf alltagsrelevante Themen eingegangen, um Menschen auf der Grundlage des Evangeliums zu positiven Gedanken zu bewegen und ihnen so neue Kraft für ihr Leben zu geben. Ein Hauptanliegen von *Hour of Power* ist es, Gott den Menschen näherzubringen und sie zu einem Leben in der Nachfolge Jesu zu ermutigen und auch die Botschaft eines positiven Christentums zu verkündigen. Lassen Sie sich von dieser guten Nachricht inspirieren und begeistern. Schalten Sie ein – zur besten Stunde im Fernsehen!

Unter anderem gibt es in Deutschland und in der Schweiz Büros von *Hour of Power*. Die Büros sind neben der Beantwortung von Anfragen auch für die Betreuung der Spender und Zuschauer zuständig.

*Hour of Power* kann nur mit der Unterstützung und den Spenden der Zuschauer ausgestrahlt werden. Die Produktion der Gottesdienste ist mit hohen Kosten verbunden. Daher bemüht sich *Hour of Power* um den Aufbau eines Unterstützer- und

Freundeskreises. Unser regelmäßig erscheinender Freundesbrief *Powerful Life – Kraftvolles Leben* hält alle Freunde und Spender mit aktuellen Informationen auf dem Laufenden. Ziel der deutschsprachigen Vereine von *Hour of Power* für die nächsten Jahre ist die komplette Finanzierung der Ausstrahlung und der deutschen Produktion.

Die Gottesdienste von *Hour of Power* können Sie wie folgt sehen:

| | |
|---|---|
| Sonntags | 8:00 Uhr auf STAR TV (Schweiz) |
| Sonntags | 10:30 Uhr auf TELE 5 |
| Sonntags | 17:00 Uhr auf BIBEL TV |

| | |
|---|---|
| Dienstags | 1:30 auf BIBEL TV |
| Donnerstags | 6:00 Uhr auf BIBEL TV |
| Samstags | 8:00 Uhr auf BIBEL TV |

(Stand August 2017)

Informationen zum Dienst von Hour of Power erhalten Sie unter:

**Hour of Power Deutschland**
**Verein zur Verkündigung des Evangeliums e.V.**
Steinerne Furt 78
86167 Augsburg
Tel. 08 21 / 420 96 96
Fax 08 21 / 420 96 97
E-Mail: info@hourofpower.de
Webseite: www.hourofpower.de
Newhopeline: 08 00 / 5 50 77 00

Die *NewHopeLine* soll all denen Hilfe bieten, die Rat und Unterstützung suchen. Mitarbeiter aus dem Bereich Seelsorge, Gemeindearbeit und Psychologie stehen täglich, auch am Wochenende, von 18 bis 22 Uhr, für Hilfe suchende Menschen zur Verfügung.

**Spendenkonto:**
Baden-Württembergische Bank
Konto: 289 48 29
BLZ: 600 501 01
IBAN: DE 43 6005 0101 0002 8948 29
BIC: SOLADEST600

(Ihre Spenden sind steuerabzugsfähig.)

**Hour of Power Schweiz**
Seestrasse 8
8594 Güttingen
Tel. 071 690 07 81

E-Mail: info@hourofpower-schweiz.ch
Webseite: www.hourofpower-schweiz.ch

**Spendenkonto:**
Kontoinhaber: HOUR OF POWER DEUTSCHLAND –
Verein zur Verkündigung des
Evangeliums e.V., DE-86167 Augsburg
Bank: PostFinance AG, 3030 Bern
Konto: 61-18359-6
IBAN: CH16 0900 0000 6101 8359 6

## Streben nach Glück

***Leitfaden für ein gückliches Leben***

Bobby Schuller

Ist Glücklichsein ein Geburtsrecht? Ist es eine Entscheidung? Ist es eine Leistung? Woher kommt das Glück? Kommt es aus unserem Herzen? Unserem Verstand? Für alle, die sich nach Glück im Leben sehnen, hat Bobby Schuller eine Anleitung zusammengestellt, wie man durch die richtigen Entscheidungen Glück finden kann. Die Schritte, die Sie gehen werden, um dieses Glück zu erreichen, sind Schritte, die Sie zuvor noch nie gegangen sind. Sie führen Sie einen überraschenden und abwechslungsreichen Weg entlang zu einer Freiheit, die Ihre Seele mit Frieden und Glück erfüllen wird. Ihre Vorstellungen, Ihre Erwartungen und Ihr Verhalten werden sich verändern. Es ist eine Reise, die es wert ist, dass Sie sie antreten. Erleben Sie das Glück, wie es Gott sich für Ihr Leben vorgestellt hat – an jedem Tag, in jedem Moment, gleich jetzt!

Paperback, 123 Seiten

## Glück ist keine Glückssache

***52 Wochen des Glücklichseins***

Bobby Schuller

Es gibt für den Menschen nichts Besseres, als glücklich zu sein und das Leben zu genießen.
(nach Prediger 3,12)

52 Andachten zum Thema „Glück", damit Sie ein glücklicherer Mensch werden.

Unser Leben kann von vielen Dingen erfüllt sein, die uns ablenken. Zu oft leben wir nicht wirklich den Augenblick. Wir denken an das Morgen oder die nächste Sache, die auf uns zukommt und machen uns keine Gedanken über das Hier und Jetzt.

Verbringen Sie regelmäßig Zeit mit Gott und Sie werden noch deutlicher verstehen, was es bedeutet, schon jetzt im Königreich Gottes auf der Erde zu leben.

Lassen Sie sich mit einer wöchentlichen Ermutigung herausfordern, Zeit mit Gott zu verbringen und so ein glücklicheres Leben zu führen!

Softcover, 122 Seiten

## Leben im Reich Gottes

***Was es bedeutet, Jesus nachzufolgen***

Bobby Schuller

Der Wert und der Einfluss eines Menschen auf die Geschichte der Menschheit sind unermesslich groß. Es gibt eine alles umfassende Geschichte, in der wir alle unseren Anteil haben. Teil zu sein von Gottes großer Geschichte, verbindet uns miteinander und gibt uns ein Ziel und eine Bedeutung. Ihr Leben zählt. Leben Sie ein Leben, das Licht und Güte in diese leidende Welt hineinbringt. Gott beruft Sie zu einem Ziel, das größer ist als Sie, als Ihre Familie und Ihre Umstände. Folgen Sie der Einladung und reagieren Sie mit Freude und Hingabe. Sagen Sie Ja zu Ihrer Berufung und leben Sie in dieser Berufung.

Lassen Sie sich durch dieses Buch ermutigen, Ihren Platz in der Geschichte Gottes mit den Menschen zu finden. Leben Sie schon hier und jetzt im REICH GOTTES!

Paperback, 65 Seiten

## Entdecke deine Möglichkeiten – und lebe sie

### *Der Weg zum Möglichkeitsdenker*

Robert Harold Schuller

Werden Sie ein Möglichkeitsdenker! Sind Sie von Ihren Problemen erschlagen, erleben Frustrationen, die Sie entmutigen, innere Verletzungen, die Sie nach unten ziehen? Oder ist Ihr Leben langweilig? Haben Sie es satt, ein Leben ohne Würze und Spannung zu führen?

Dieses Buch ist Ihre Gelegenheit, Ihr Denken und Ihr Leben zu verändern. In praktischen und hilfreichen Schritten erfahren Sie in diesem Buch, wie Sie Ihr Minderwertigkeitsgefühl überwinden und Ihre eigenen Möglichkeiten entdecken. Dr. Schuller hilft Ihnen dabei, jede Ihrer Herausforderungen in Siege zu verwandeln!

Paperback, 229 Seiten

## Meine Lebensreise

***Die Autobiografie von***
***Dr. Robert Harold Schuller***

*„Ich wurde am Ende eines Feldweges geboren, der keinen Namen und keine Nummer hatte. Und ich lernte in meinem Leben, dass man von nirgendwo nach überall gehen kann."*

Mit diesen Worten beginnt die Lebensgeschichte eines der bekanntesten Gemeindeleiter der Gegenwart: Dr. Robert H. Schuller. Seit über 50 Jahren ist er nun schon in seinem Amt tätig und hat in dieser Zeit Millionen von Menschen auf der ganzen Welt erreicht.

In seiner Autobiografie gibt er Einblick in Bereiche seines Lebens, von denen die Öffentlichkeit bislang noch nichts erfahren hat. Packend berichtet er von Ereignissen, Menschen und Begegnungen, die sein Leben geprägt und ihn dorthin gebracht haben, wo er heute ist.

In seinem bewegenden Lebensbericht eröffnet er dem Leser die persönlichen Schlüsselmomente seines Lebens sowie die Herausforderungen, die seinen Charakter geprägt und ihm Inspiration und Vision geschenkt haben.

Gebunden, 510 Seiten

## Neues Testament für Möglichkeitsdenker

*Das Neue Testament*
*in der „Hoffnung für Alle"-Übersetzung*

Diese besondere Bibel ist in einem schönen Lederumschlag eingebunden. Sie beinhaltet 82 persönliche Gedanken, Geschichten und Erklärungen von Dr. Robert Harold Schuller, die Sie sonst in keiner anderen Bibel finden werden.

DIE BIBEL! Sie ist Gottes Wort und hat im Leben von vielen Millionen Menschen eine positive Veränderung bewirkt. Die Bibel, Gottes Wort, hat auch eine Antwort für Ihre Situation!

Dieses Neue Testament, in dem Dr. Robert H. Schuller auch alle Mut machenden Bibelverse hervorgehoben hat, wird Ihnen eine Hilfe für Ihren Alltag sein und Sie inspirieren, den Schwierigkeiten des Lebens mit der Zuversicht aus dem Wort Gottes zu begegnen.

Ledereinband, gebunden, 567 Seiten